たった1日で仕事が劇的に速くなる

ENCYCLOPEDIA OF EXCEL FOR BEGINNERS

初心者のためのExcel事典

伏里 剛
GO FUSHISATO

SOGO HOREI Publishing Co., Ltd

はじめに

　今やビジネスパーソン不可欠のスキルと言われるExcel（エクセル）ですが、実は苦手にしている方々が意外と多いことに気がつきます。年配の方々だけではありません。若い方々の中にもかなりの割合でいることに驚きます。スマホに慣れてしまって、パソコンに触ったことがないからだと思われます。

　Excelはある程度使いこなせるようになれば、便利なことこの上ないソフトなのですが、そこまで習熟できない段階ですっかり苦手意識を持ってしまうと、覚えるのが苦痛になってしまいます。「時短」が叫ばれている現在、仕事の効率化に欠かせないツールとして、苦手意識を払拭してぜひ身につけていただきたいと思います。

　Excelについては書店に行けば膨大な数の本が並べられています。「これ1冊で基礎から応用までOK」と銘打った分厚いものから、「関数」など特定のジャンルにフォーカスしたもの、裏ワザ集的なものなど内容も多岐にわたっています。

　本書は、「知識ゼロでこれからExcelを覚えていきたい方」「何度かチャレンジしたものの、その度に挫折した方」を対象に、ビジネスでExcelを使うにあたり、「最低限知っておきたいスキル」を極力平易な表現で解説した入門書です。本書1

冊でExcelのすべてをカバーできるものではありませんが、分厚いテキストに挑戦する前に必要なスキルはほとんどカバーしています。ぜひ本書で、Excelに苦手意識を持たずに興味を持っていただければ幸いです。

伏里 剛

登場人物紹介

Excelの神さま

本書の使い方

　本書では、Excelの基本操作について、1テーマ見開き2ページ（左ページ：解説文、右ページ：図解）で解説しています。解説文はシンプルな説明で操作のアウトラインをつかんでいただき、図解を見ながら実際に操作していただけるようにしました。

①よく使う機能
仕事でよく使われる機能を、解説文でその目的や効能から説明します。

②操作プロセス
操作の手順を段階的に詳しく解説します。

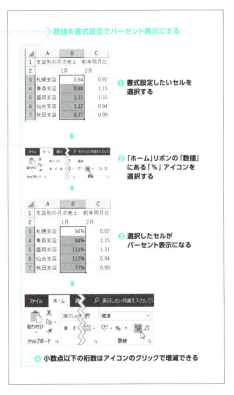

本書をお読みになる前に

●本書は 2018 年 4 月現在の情報をもとに解説しています。本書の発行後にソフトウエアがアップデートされた場合、機能や画面が変更されることがあります。あらかじめご了承ください。

●本書で解説しているソフトウエアのバージョンは以下の通りです。お使いのソフトウエアのバージョンによっては、解説した通りの結果が得られない場合もあります。

・Microsoft Windows 7
・Microsoft Excel 2016

※商標について
本文中に記載されている Microsoft、Windows、Excel、Word、Power-Point は、米国 Microsoft Corporation の米国及びその他の国における登録商標です。なお、本文は ® などのマークは省略しています。

はじめに ……… 4
本書の使い方 ……… 6

第1章 Excelの基本をおさえる

- 01 Excelは仕事のキホン ……… 14
- 02 とにかくExcelを始めてみよう ……… 16
- 03 目的に合った表を新規作成する ……… 18
- 04 Excelの基本的な画面構成 ……… 20
- 05 Excelファイルの構造 ……… 22
- 06 シートを追加・削除する ……… 24
- 07 シートを別のブックに移す ……… 26
- 08 シート、列、行を一度に選択する ……… 28
- 09 セルを挿入、削除する ……… 30
- 10 列や行を挿入、削除する ……… 32
- 11 Excelファイルを保存する ……… 34
- 12 セルの「表示形式」を理解する ……… 36
- 13 数値にカンマ(,)を付ける ……… 38
- 14 「¥」や「$」の通貨記号を付ける ……… 40
- 15 数値を「%」で表示する ……… 42

| 16 | 日付や時刻を入力する | 44 |
| 17 | 数式を入力して計算する | 46 |

第2章 印刷やPDFで共有する

01	印刷の基本操作	50
02	用紙を変えて印刷する	52
03	表を縮小して印刷する	54
04	必要な部分だけを印刷する	56
05	複数枚の用紙に分けて印刷する	58
06	共通タイトルやページ数を加える	60
07	PDF ファイルを作成する	62

第3章 表を見やすくする

01	セルの大きさを調整する	66
02	特定の行・列を表示しない	68
03	任意のセルだけ抽出する	70
04	条件を設定してセルを強調する	72
05	文字に応じてセルを強調する	74
06	条件付き書式の設定を解除する	76

07 数値の大小でセルの色を変える ……… 78

08 書体やサイズを変更する ……… 80

09 特定の文字・数値を目立たせる ……… 82

10 文字の配置を変える ……… 84

11 セルを統合する ……… 86

12 罫線を引く ……… 88

13 罫線のタイプを変更する ……… 90

14 セルの中に斜線を引く ……… 92

15 特定のセルに色を付ける ……… 94

16 行や列を固定する ……… 96

第4章 効率よく表をつくる

01 複数のセルを選択する ……… 100

02 文字や数値を修正する ……… 102

03 削除した文字をもとに戻す ……… 104

04 文字や数値をコピペする ……… 106

05 同じ文字や数値を手早く入力する ……… 108

06 コピーした文字や数値の活用 ……… 110

07 テンプレートで表を作る ……… 112

08 名前を特定の方法で並べる ……… 114

09	縦と横を入れ替える	116
10	同じ計算をくり返す	118
11	複数のセルの平均を出す	120
12	最大値や最小値を見つける	122
13	数値の大小で並べ替える	124
14	表を縮めて閲覧する	126

第5章 グラフや図で表現を広げる

01	グラフを作成する	130
02	グラフを調整する	132
03	グラフの種類を変える	134
04	新しいデータをグラフに反映する	136
05	グラフのデザインを変える	138
06	グラフの縦軸と横軸を入れ替える	140
07	グラフにタイトルを入れる	142
08	グラフを別のシートに移動する	144
09	図形の活用	146
10	特殊な図形の活用	148
11	画像の活用	150

第6章 覚えておきたい「差がつく」機能

01	ミニグラフを作成する	154
02	コメントを挿入する	156
03	セルの幅を自動で調整する	158
04	リンクの有無を設定する	160
05	合計や平均をチェックする	162
06	同じ言葉を再入力する	164
07	オートコンプリート機能の解除	166
08	ブックやシートを保護する	168
09	行や列の入力モードの切り替え	170
10	文字や数値を自動変換させない	172
11	セルを無視して文字を入力する	174
12	枠線を表示しない	176

おわりに ………… 178

Excel の基本をおさえる

この章では、入力や表の作成などExcelの基本操作について解説します。Excelを使いこなすためには重要な事柄ばかりです。ここでつまずいて苦手意識を持ってしまわないよう、しっかりマスターしましょう。

01 Excelは仕事のキホン

Excelはただ計算するだけでなく、分析や思考にも使える。まさにビジネスパーソン必修のスキルなのじゃ。

① 表をうまく使えば仕事を効率化できる

　Excelは、マス目に文字や数字を入れて、表を簡単に作成できる表計算ソフトの1つです。ビジネスにおいては、数字を効率よく扱うために欠かせないスキルになっています。簡単な計算から複雑な分析まで行えるほか、数字を並べ替えたり、グラフを描画したりすることで、単に数字を眺めるだけでは浮かばない発想を得られるツールでもあります。

　豊富な機能をいきなりマスターするのは難しいですが、1つずつでも知識を増やすことで、仕事を効率化できます。

② 単なる表を超えた表現が可能

　文字や画像、図形も扱うことができるので、Excelの機能だけで見栄えのよいプレゼン資料に仕上げて、印刷物やPDFを作成することもできます。ただし、豊富な機能を知るほど、見た目を必要以上に整えようとしてしまいがちなので、目指すクオリティを意識することが大切です。

Excelでできること（一例）

・表を使った計算

	A	B
1		札幌支店
2	1月	1,350
3	2月	1,620
4	3月	1,944
5	4月	1,720
6	5月	1,980
7	合計	8,614

・表の並べ替え

	A	B
1		札幌支店
2	1月	1350
3	5月	1980
4	4月	1720
5	2月	1620
6	3月	1944

・グラフの描画

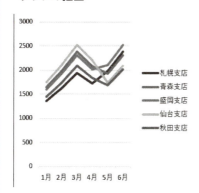

・グラフの描画

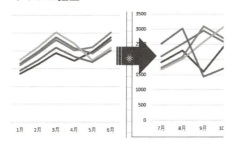

第1章 Excelの基本をおさえる

02 とにかくExcelを始めてみよう

Excelに慣れるにはとにかく使ってみるのが一番。デスクトップに置いてすぐ起動できるようにするのじゃ。

① Excelを起動する

　Excelの表を新規に作成するためには、スタートメニューから「Excel」をクリックします。頻繁に使用する場合には、デスクトップやタスクバーにショートカットを作成すれば、スタートメニューから探す手間が省けます。また、検索欄を使うのも効率的で、「e」と入力すれば候補にあがります。

② すでにあるExcelファイルを使用する

　仕事では、毎月同じファイルに追記したり、他の人が作成した資料に手を加えたりするケースも少なくありません。

　すでにあるExcelファイルを編集するには、「ファイル」メニューから開きます。よく使うファイルなら、「最近使ったファイル」から素早く開くこともできます。

　また、ファイルのアイコンをダブルクリックすることで、Excelの起動とファイルを開く動作を同時に行うことができます。

Excelを起動する方法

❶ スタートメニューで「E」のグループを探す

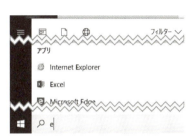

❷ 検索欄に「e」を入力して探す

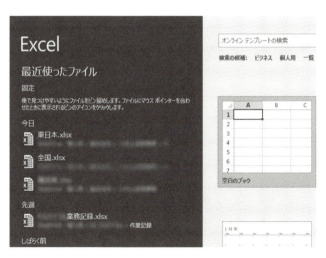

❸ すでにあるファイルを開く

03 目的に合った表を新規作成する

Excelには、様々なテンプレートが入っているので、効率よく作業を進めたい場合は便利じゃ。

① ゼロから作る「空白のブック」

なにも入力されていない、まっさらな状態から表を作成したい場合、Excelを起動したときに表示される画面で「空白のブック」を選択します。

② 「テンプレート」を活用して手間を省く

Excelにはテンプレート(ひな型)が用意されており、うまく活用すれば効率的に仕事を進めることができます。

たとえば、Excelを使って請求書を作りたいと考えたとき、どのような項目が必要で、見た目はどうすればいいのか完成イメージが明確でないこともあります。そんなとき、テンプレートを選んで必要な項目を埋めていくだけで、見栄えのよい請求書を手早く作成することができます。

インターネットが利用できる状態であれば、さまざまなテンプレートを検索することができるので、目的に近いものを探して活用してみましょう。

表を新規作成する

・Excelを起動して空白のブックを作る場合

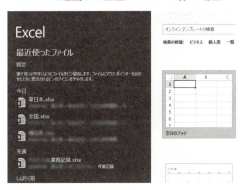

❶「空白のブック」を選択

・すでにExcelを起動している場合

❶「ファイル」メニューから「新規」を選択

⬇

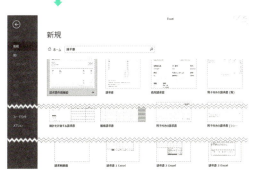

❷ 空白のブックの作成やテンプレートから選択できるが、
「オンラインテンプレートの検索」に入力して
インターネットからテンプレートを探すこともできる

04 Excelの基本的な画面構成

Excelは、多彩な機能がメニューとリボンにまとまっているので全体を理解するには便利じゃ。

1 シート上部の「メニュー」と「リボン」を使う

Excelの多彩な機能を使うために、まずは画面がどのように構成されているのかを把握しておきましょう。

①タイトルバー：編集中のファイル名が表示される
②「ファイル」メニュー：「新規」「開く」「印刷」など、ファイルに関する基本的な機能がまとまっている
③クイックアクセスツールバー：頻繁に使う機能が並ぶ
④リボン：目的ごとに分類された機能がまとまったグループで、「ホーム」「挿入」など、上部のタブを選択すると、各機能のアイコンが表示される
⑤編集ウィンドウ：ワークシートが表示される。本書では単にシートと呼ぶ場合がある
⑥スクロールバー：ワークシートの表示位置を変更できる
⑦ズームスライダー：ワークシートのズーム（表示倍率）を変更できる
⑧ステータスバー：ワークシートに関する情報が表示される

Excelの基本画面構成

- ❶ タイトルバー
- ❷ 「ファイル」メニュー
- ❸ クイックアクセスツールバー
- ❹ リボン
- ❺ 編集ウィンドウ
- ❻ スクロールバー
- ❼ ズームスライダー
- ❽ ステータスバー

05 Excelファイルの構造

Excelの表は「セル」「シート」「ブック」でできている。この構造をまず理解するのがポイントじゃ。

1 「セル」「シート」「ブック」を理解する

　表を構成する「セル」「シート」「ブック」は、Excelを扱う上で、まず覚えたい用語です。
「セル」は、薄いグレーで囲まれたマス目のことです。入力したいセルを選択して、文字、数値、数式などを入力し、Enterキーで確定します。一度入力した内容を変更したい場合は、セルのダブルクリックか、「F2」キーを押します。
「シート（ワークシート）」は、1枚の表そのもので、セルの集まりです。縦と横にならぶセルの位置を、それぞれ「列」「行」と呼びます。Aから始まるアルファベットが「列」、1から始まる数字を「行」と呼び、たとえば一番左上のセルは「A1」、その右下のセルは「B2」と表現します。選択中のセルは「名前ボックス」に表示されます。
「ブック」はファイルと同じ概念で、Windowsではファイルと呼ぶのをExcelではブックと呼んでいると考えてください。1つのブックには複数のシートを作成できます。

Excelファイルの構造

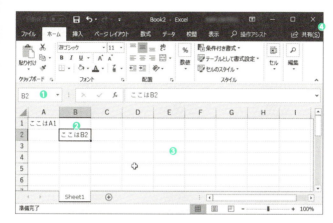

❶ ボックス ❷ セル ❸ シート ❹ ブック

・セルへの入力

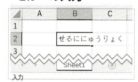

セルを選択して文字や
数値、数式を入力し、
Enterキーで確定する

・セルの入力変更

セルを選択してダブルクリック、
または
F2キーで変更可能になる

06 シートを追加・削除する

シートの追加・削除のやり方がわかると、Excelは便利になるのじゃ。

1 シートを使いこなすと効率が上がる

同じ集計を毎月行う場合など、月別にブックを作成せず、1つのブックでシートを分けたほうが扱いやすいことがあります。新しいシートを追加するには、シートの下にある「+」アイコンをクリックします。作業したいシートのタブをクリックすると、そのシートが編集可能になります。シートの並びは、ドラッグ&ドロップで入れ替えられます。

また、不要なシートを削除したい場合、対象のタブを右クリックして表示されるメニューから「削除」を選択します。

2 「シート」は名前と色でわかりやすく

自動的に付けられたシート名では内容がわかりづらいですが、タブをダブルクリックするとシート名を変更できます。

また、タブの色を変えることで視覚的に管理しやすくなります。タブを右クリックし、メニューから「シート見出しの色」を選択すると変更できます。

シートの追加・削除

・新しいシートを追加する

**シートのタブの右端にある
「+」アイコンをクリック**

・シートを削除する

**削除したいシートの
タブを右クリックして
「削除」**

・シートの名前を変更する

**シートのタブを
ダブルクリック**

07 シートを別のブックに移す

同じ案件の表は、1つのブックにまとめておいたほうが管理するのに便利じゃ。

1 シートを移動やコピーでまとめ直す

　シートの一部を別のファイルに分けたい、あるいは複数のブックのシートを、1つのブックにまとめる方法です。

　まず、移動元と移動先の両方のブックを開きます。そして、移動させたいシートを選択して「ホーム」のリボンから「書式」を選択し、「シートの移動またはコピー」を選びます。なお、シートのタブを右クリックすると表示される「移動またはコピー」を選択しても、同じ操作が行えます。

　図のように「移動先ブック名」には、先ほど開いておいたブックが表示されているので選択します。「(新しいブック)」を選択すると、新たなブックを作成して移動することができます。

　移動先ブックに含まれるシートの一覧が「挿入先」に表示されるので、どのシートの前に移動するかを選んで「OK」ボタンをクリックします。「コピーを作成する」にチェックを入れると、移動元のブックにシートを残せます。

シートを別のブックに移動

❶ 移動させたいシートを選択

❷ 「ホーム」のリボンから「書式」を選択

❸ 「シートの移動またはコピー」を選択

❹ 移動先のブックを選択

❺ 移動先のシート位置を選択して「OK」

08 シート、列、行を一度に選択する

特定の列や行の書体、文字の色などをまとめて変更したい場合、列単位や行単位で一度に選択できれば便利じゃ。

1 一度に同じ変更処理を行う

シート、列、行、それぞれを一度に選択する方法があります。現実的には、65536列×1048576行からなるシートの全体を選択して、データや色などの書式をコピーするような場面は限られていますが、たとえば特定の列にあるデータを並び替える場合などに知っておくと便利です。

2 セルの上端、左端のグレー部分をクリック

選択方法は実に簡単で、シート全体を選択したい場合には、シートの左上にあるグレー部分の三角印をクリックします。

列全体を選択したい場合には上端の列番号のアルファベットを、行全体を選択したい場合には左端の行番号の数字をクリックします。クリックしたままドラッグすれば、連続した複数の列や行を選択でき、連続していない場合や列と行の両方を選択する場合には、Ctrlを押しながらクリックします。

シートの選択

・シート全体を選択したい場合

❶ 左上の⊿をクリック

・列全体を選択したい場合

❷ 列番号をクリック

・行全体を選択したい場合

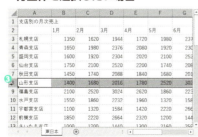

❸ 行番号をクリック

09 セルを挿入、削除する

セルの挿入・削除は、表の項目を追加したり不要部分を削除するなどの修正作業を行う際に必要となる操作じゃ。

1 セルを追加する

セルを追加するには、まずセルの選択位置を追加したい場所にします。そして「ホーム」のリボンにある「挿入」の、アイコンの下に小さな▼がある付近をクリックしてください。表示されるメニューから「セルの挿入」を選択すると、「セルの挿入」画面が表示されるので、内容を指定して「OK」で決定します。

なお、セル上で右クリックすると表示される「挿入」を選んでも、同様の操作ができます。

2 不要なセルを削除する

削除は、追加と同じような操作を行います。削除したいセルを選択して、リボンの「挿入」と並ぶ、「削除」の▼付近をクリックし、「セルの削除」画面を表示して、内容を指定して「OK」で決定します。セル上で右クリックすると表示される「削除」を選んでも、同様の操作ができます。

セルの追加

	A	B	C	D	E
1	支店別の月次売上				
2		1月	2月		4月
3	札幌支店	1350	1620	3月	1720
4	青森支店	1650	1980	1944	2080

❶ 追加したいセルの位置を選択

⬇

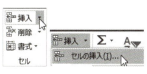

❷ 「ホーム」リボンにある「挿入」から「セルの挿入」を選択

⬇

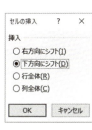

❸ シフトしたい方向を選択して「OK」

⬇

	A	B	C	D	E
1	支店別の月次売上				
2		1月	2月	3月	4月
3	札幌支店	1350	1620	1944	1720
4	青森支店	1650	1980	2376	2080
5	盛岡支店	1600	1920	2304	2020

❹ セルが追加された

10 列や行を挿入、削除する

表が完成した後で、列や行を追加したくなったり、削除したくなったりした際に必要となる操作じゃ。

1 列や行を追加する

　列を追加したい場合は列番号を選択します。そして「ホーム」のリボンにある「挿入」の、アイコンの下に小さな▼がある付近をクリックしてください。表示されるメニューから「シートの列を挿入」を選択すると、空白セルの列が追加されます。行を追加する場合は、行番号を選択して同様に「シートの行を挿入」を選択します。

　なお、列番号や行番号を右クリックすると表示される「挿入」を選んでも、列や行を追加できます。

2 不要な列や行を削除する

　削除は、追加と同じように操作します。削除したい列番号や行番号を選択して、リボンの「挿入」の右隣にある「削除」アイコンの下部にある▼付近をクリックし、「シートの列を削除」または「シートの行を削除」を選択します。削除の場合も挿入と同様、列や行の右クリックでも操作できます。

列を追加する（右クリックで行う方法）

❶ 列を追加したい場所の列番号を右クリック

❷「挿入」を選択

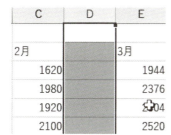

❸ 列が追加された

11 Excelファイルを保存する

せっかく作った表が事故で台無しになることを避けるには、こまめに保存する癖をつけることじゃ。

① 適切に保存しないと台なしに

Excelを終了するには、ウィンドウの一番右上にある「閉じる」(×印)をクリックします。保存しないで終了しようとすると警告が表示されるので、保存しないで終了する可能性は低いです。ただ、パソコンの調子が悪いときや、不意の停電で作業途中のファイルが消失することも考えられます。小まめに保存する癖をつけることをおすすめします。

② あとから探しやすい名前にする

取り急ぎ適当なファイル名を付ける場合もありますが、チームで仕事をする場合はもちろん、自分でも時間が経つと中身がわからなくなります。提出日や作成日を付けるなど、ルールを決めておくとよいでしょう。

保存方法は「ファイル」メニューから「名前を付けて保存」(バージョンによっては「コピーを保存」)で行います。パスワードを設定して、利用を制限することもできます。

Excel の保存方法 (新規ブック作成時)

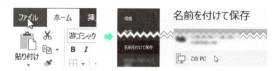

❶ 「ファイル」メニューから「名前を付けて保存」を選択

❷ パソコン内に保存する場合は「このPC」を選択
❸ 保存したい場所とファイル名を指定して「保存」を選択

※ Excelブックにパスワードを設定する方法

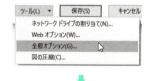

❶ 「保存」の左にある「ツール」から「全般オプション」を選択

❷ 設定したいパスワードを入力して「OK」
※このあと「保存」する

12 セルの「表示形式」を理解する

Excelの「表示形式」を設定することで、表示上の見え方を一括して変更することができるのじゃ。

1 見た目の形式と実際の値は異なる

セルにはどのような値を入力するでしょうか。文字列、数字、金額、日付など、さまざまな値を扱うことでしょう。

詳しい説明は別の項目に譲りますが、たとえば10万を表したい場合、「100000」とするよりも、カンマで区切って「100,000」としたほうが読みやすくなります。ただ、大量にあるセルに1つずつ「,」を入れていくことが、果たして現実的でしょうか。

Excelでは、「表示形式」を設定することで、表示上の見え方を一括して変更できます。あらかじめ設定しておいてから入力しても、後から表示形式を設定しても構いません。

設定は、セルを選択して「ホーム」のリボンから「書式」を選び、「セルの書式設定」で行います。このとき、「文字列」には注意が必要で、「,」などの記号を入れた場合、表示上ではなくデータそのものに記号が含まれます。他のシステムに流用する場合などに、支障をきたすことがあります。

表示形式の設定方法

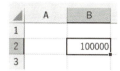

❶ 表示形式を設定したいセルを選択する

⬇

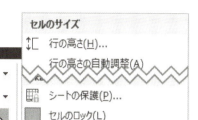

❷ 「ホーム」リボンから「セル」の「書式」を選択する

⬇

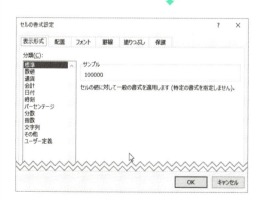

❸ 表示される項目から「セルの書式設定」を選択する
❹ 「セルの書式設定」が表示されるので、「表示形式」から適切な分類を選択し、「OK」を押す

13 数値にカンマ(,)を付ける

ビジネスでは、数字は3桁ごとに「,」(カンマ)で区切って表示するのが一般的じゃ。

1 ビジネスでよく使う基本的な機能

数量、金額など、カンマで区切った数値を扱う場面は、ビジネスでもプライベートでも特に頻繁にあるものです。

2 設定はリボンから選ぶだけ

数値をカンマで区切るには、数値に直接「,」を加える方法と、書式設定で付加する方法があります。

直接カンマの入力は、1つ2つのセルなら早いかもしれませんが、セルが多い場合は容易でありません。また、桁が長い数値になると、入れる場所を間違えることもあります。

一方、書式設定の場合、複数のセルを選択して、一度の操作ですべてのセルに設定できるので非常に便利です。設定方法は、まず設定したいセルを選択します。「ホーム」リボンにある「数値」の中から、「,」(桁区切りスタイル)を選ぶだけです。3桁ごとにカンマで区切られて表示することができます。

数値を書式設定でカンマ区切りする

❶ 書式設定したい
セルを選択する

❷ 「ホーム」リボンの「数値」にある「,」アイコンを選択する

❸ 選択したセルがカンマで区切られる

❹ 書式設定済のセルに後から入力しても区切られる

14 「¥」や「$」の通貨記号を付ける

売上や予算など金額が載っている表では、先頭に「¥」や「$」などの通貨記号をつけるとわかりやすいのじゃ。

1 記号ひとつで金額が見やすくなる

帳簿の場合はカンマで区切っただけのほうが適している場合もありますが、説明書類やさまざまな通貨を扱うのであれば先頭に通貨記号を明示的に付けたほうがわかりやすいことがあります。

2 リボンのアイコンだけで主要な通貨を選べる

数値に通貨記号を付けるには、数値に直接打ち込む方法と、書式設定で付加する方法があります。

書式設定の場合、まず設定したいセルを選択します。「ホーム」リボンにある「数値」の中から、「通貨表示形式」を選ぶと、先頭に通貨記号（通常の日本語環境の設定がされたパソコンなら \ ）が付き、さらに3桁ごとにカンマで区切られて表示されます。アイコンの右にある小さな▼をクリックすると、主要な他の通貨を選択でき、「その他の通貨表示形式」を選ぶと世界各国の通貨や、小数点以下の桁数を設定できます。

数値を書式設定で通貨表示する

❶ 書式設定したいセルを選択する

❷ 「ホーム」リボンの「数値」にある通貨アイコンを選択する

❸ 選択したセルの頭に「¥」が付き、カンマで区切られる

・他の通貨記号を使用する

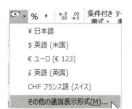

❶ 通貨アイコン横の▼から、他の主要通貨の選択や詳細な設定が行える

15 数値を「％」で表示する

表の数字に「％」（パーセンテージ）を入れれば、小数点よりもデータの意味をわかりやすく伝えることができるのじゃ。

1 ％にすることでデータがわかりやすくなる

アンケート結果や比率など、割合を小数点で表すよりもパーセント表示にすることで、数字の意味するところが格段にわかりやすくなることがあります。

2 百分率の数値を入力しておく

数値にパーセント記号を付けるには、数値に直接打ち込むことでも、書式設定でも可能です。

書式設定の場合、まず設定したいセルを選択します。「ホーム」リボンにある「数値」の中から、「％」（パーセントスタイル）を選ぶと、数値を100倍にして、末尾に％記号を付けた形式で表示することができます。つまり、50％と表示させたい場合には0.5を入力する必要があり、直接パーセント記号を付けるのとは考え方が異なります。

リボンの「数値」にあるアイコンから、小数点以下の桁数を増減できます。

数値を書式設定でパーセント表示にする

❶ 書式設定したいセルを選択する

❷ 「ホーム」リボンの「数値」にある「％」アイコンを選択する

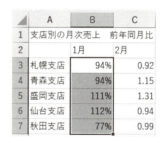

❸ 選択したセルがパーセント表示になる

❹ 小数点以下の桁数はアイコンのクリックで増減できる

16 日付や時刻を入力する

ビジネス文書や資料には、作成日の日付や時刻を記載するのが基本じゃ。

① 多彩な表示パターンが求められる日付

　日付の表示パターンは、国や会社の文化や、書類によって異なります。日本では和暦と西暦の大きく２種類を使い分ける必要がありますが、同じ西暦でも海外向けであれば年月日の順番が異なることを考慮しなければなりません。さらに、年は省略する場合や、区切りはスラッシュなのか「月」「日」が必要なのか、場面によって変えることが多くあります。

　日付の入力を、もっとも簡単に行うには、「/」で区切ります。書式設定していないセルに 2018 年 4 月 1 日と入力しても構いませんが、2018/4/1 と入力してから和暦の書式設定を行っても同じ表示にできます。

　時刻の入力は、「18:21」のように「:」で区切ります。

　書式設定は、設定したいセルを選択し、「ホーム」リボンにある「数値」右にあるアイコンから、「表示形式」の画面を出します。「日付」または「時刻」を選んで、目的に合った種類を選びます。

日付を入力する

・年を省略して日付を入力する

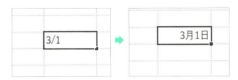

❶ 年を省略して「○ / ●」だけを入力すると、「○月●日」の表示形式が設定される。

※年は表示されていないが、自動的に入力時の年が入力される

・表示形式を変える

❶ 書式設定したいセルを選択する

❷ 「ホーム」リボンの「数値」にある右下のアイコンを選択する

❸ 「セルの書式設定」が表示され、分類は「日付」を選んだ状態になっているので、設定したい表示形式を「種類」から選択して「OK」する

※和暦を設定したい場合は「カレンダーの種類」を「和暦」に、西暦に設定したい場合は「グレゴリオ暦」にする

17 数式を入力して計算する

Excel 最大の武器は計算機能じゃ。一見難しそうじゃが、やってみると簡単じゃぞ。

1 まずは計算式の基本をマスターする

Excelは、かなり複雑な計算ができる機能を備えています。まずは基本となる加減算の入力方法を覚えましょう。これだけでも、集計などの作業には十分役立ちます。

2 計算は「=」を入力する

計算を行うには、セルに「=」を入力します。これで Excel は計算であることを認識します。

表計算らしい入力方法は、数値の入ったセルを指定するもので、A1 と A2 を足したい場合には「=A1+A2」と入力します。「=A1+1」のように、セルと一定の数値で計算することも可能ですし、「=1+5-2」のように、直接数字のみを入力しても計算することもできます。

計算式は、セル番号をキーボードで入力するほか、「=」を入力した後にセルを選択することで、そのセル番号を入力することもできます。入力後は Enter キーで確定、計算します。

数式を入力して計算

・セルの数値を使って計算

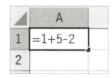 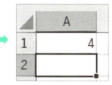

① 結果を表示したいセルに「＝」を入力
② 使用したいセル番号と演算子 (この場合は+) を入力
③ Enterキーで計算

・数字のみを入力して計算

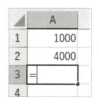

① 結果を表示したいセルに「＝」から始まる数式を入力
② Enterキーで計算

・セルを選択してセル番号を入力

① 結果を表示したいセルに「＝」を入力する
② セルを選択する
③ セル番号が入力される

第2章

印刷やPDFで共有する

この章では、Excelで作成した表やグラフを印刷したりPDF化してデータを共有するための操作を解説します。Excelで作った表は大型になることが多く、効果的な印刷方法を知る必要があります。

01 印刷の基本操作

Excelには多彩な印刷機能があるので、テクニックが重要なのじゃ。

1 画面がそのまま印刷されるわけではない

Excelにはシートを印刷する機能があります。しかし、「画面で見たシートがそのまま印刷されるわけではない」ということに注意が必要です。印刷してみるとイメージしていたものと違う場合や、画面には表示されていても、文字が途中で切れてしまったということは、よく起こることです。

2 プレビュー表示を確認してから印刷する

印刷は「ファイル」メニューから「印刷」を選択します。使用したいプリンターを選択し、右側に表示されるプレビューで思った通りの範囲が表示されているか確認し、問題なければ印刷部数を入力して「印刷」アイコンを選択します。

なお、同じサイズの紙であっても、プリンターによって印刷できる面積が異なる場合があります。プリンターを買い換えた場合や、機種が異なるプリンターが混在するオフィスでは、同じように印刷できるとは限らず、注意しましょう。

印刷の基本操作

❶「ファイル」を選択する

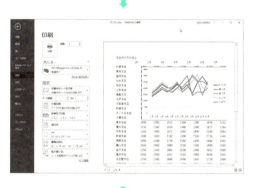

❷「印刷」を選択する

❸ プレビュー表示を確認する

❹ 印刷を実行する

02 用紙を変えて印刷する

受け取った人が見やすいように、シートの内容や配付資料との統一性などを考慮して判断することも必要じゃ。

1 用紙の方向を変更する

　紙を縦に使うか、横に使うかで、印刷できる範囲が変わります。印刷方向の変更は「印刷」画面の設定で行います。

　印刷したいシートの範囲が紙に収まっているかも大切ですが、受け取った人が見やすいように、シートの内容や配付資料との統一性などを考慮して判断することも必要です。

2 用紙サイズを変更する

　A4、A3、B5 など、用紙サイズの変更は、用紙の方向と同じように「印刷」メニューで行います。

　印刷できる面積が変わるので、変更後の大きさや範囲がイメージ通りになっているか、プレビューを確認し直します。

　ほんの少し文字が切れてしまう場合などは、余白を狭くすることで収まることがあります。ただし、ステープラーで止めたり、ファイリングのために穴をあけたりする場合は、印刷が読みづらくなってしまわないか考慮する必要があります。

印刷を設定する

❶ 方向を設定する

❷ 用紙サイズを設定する

❸ 余白を設定する

03 表を縮小して印刷する

本番印刷前にプレビューや試し刷りで、問題ないか確認することが大切じゃ。

① 縮小して用紙に収める

1枚の用紙に収まりきらない表を、縮小印刷して手軽に1枚に収める方法があります。

「印刷」メニューにある「設定」の一番下にある項目で、通常は「拡大縮小なし」に設定されています。この項目で「シートを1ページに印刷」を選択することで、表全体が1枚に収まるように印刷できます。

ただし、文字が小さくて読めなくなる可能性があるため、プレビューや試し刷りで、問題ないか確認しましょう。

② 印刷倍率を指定して拡大・縮小

プルダウンメニューの一番下にある「拡大縮小オプション」を選択すると「ページ設定」が表示され、印刷サイズを細かく設定できます。100％より大きくすれば拡大、小さくすれば縮小して印刷されます。

表を縮小して印刷

❶「シートを1ページに印刷」を選んで1枚に印刷する

⬇

❷「拡大縮小オプション」で細かな倍率を設定する

04 必要な部分だけを印刷する

シート内に印刷したくない箇所があったり、上司からデータの一部を今すぐ見たいと言われた場合に便利な機能じゃ。

1 シート内のすべてを印刷したくない場合

シート内の必要な一部のデータだけを印刷したい場面があります。シートをコピーして、不要な部分を消して印刷することも考えられますが、一時的に印刷したいだけであれば、シートの選択した範囲だけを印刷するほうが簡単です。

2 印刷するセルは指定できる

シートの一部だけを印刷したい場合、まず印刷したいセルを選択します。そのままの状態で、「ファイル」メニューを選択し、「印刷」画面を開きます。「設定」の一番上の項目で印刷範囲を指定できるので、プルダウンメニューから「選択した部分を印刷」を選択します。

元に戻して、シート全体を印刷したい場合には「作業中のシートを印刷」を選択します。業務マニュアルなど、複数シートからなるブックを、プレビューで確認することなく一気に印刷したい場合には、「ブック全体を印刷」を選びます。

印刷するセルを指定する

❶ 印刷したいセルを選択したまま「ファイル」メニューを選択して、「印刷」画面を開く

⬇

❷ 「印刷」の設定項目から「選択した部分を印刷」を選択する

05 複数枚の用紙に分けて印刷する

適切な位置で分割されるように「改ページ」を設定すると、印刷した際に見やすくなるのじゃ。

① 大きな表を分けて印刷

　大きな表が含まれるシートを印刷すると、自動的に複数の用紙に分割して印刷されますが、見づらくなってしまうのを避けるため、手動で「改ページ」の位置を変更できます。

② 1ページに含まれるセルの範囲を調整

　1ページがどの範囲に設定されているかを確認し、調整するには、画面表示の種類を「改ページプレビュー」にします。「表示」リボンにある「改ページプレビュー」を選択してください。すると、複数枚に分割される境界が青い破線で表示されるので、マウスなどを使ってドラッグし、分割位置を調整します。調整済の境界は、破線から実線に変わります。

　1ページで収まっているページを分割したい場合や、2ページから3ページに細かく分割したい場合などは、分割したいセルを右クリックし、メニューから「改ページの挿入」を選択することで、分割数を増やすことができます。

改ページの位置を変更する

❶ 「表示」リボンの「改ページプレビュー」を選択する

⬇

F	G	H	I
5月	6月	7月	8月
1980	2376	1920	2304
1920	2304	2100	2520
2100	2520	1740	2088
1740	2088	1680	2016
1680	2016	2520	3024
2520	3024	1450	1740

❷ 自動的に分割された境界が青い破線で表示されているので、分割したい行や列まで破線をマウスなどでドラッグする

⬇

	A	B	C	D	E	
2		1月	2月	3月	4月	5月
3	札幌支店	1350	1620	1944	1720	
4	青森支店	1650	1980	2376	2080	
5	盛岡支店	1600	1920	2304	2020	
6	仙台支店	1750	2100	2520	2200	
7	秋田支店	1450	1740	2088	1840	
8	山形支店	1400	1680	2016	1780	

❸ 分割を増やしたい場合は、右クリックで表示されるメニューから「改ページの挿入」を選択する

06 共通タイトルやページ数を加える

ヘッダーとは、用紙の上下左右にある余白のうち上部を、フッターは下部を指すのじゃ。

1 ヘッダーとフッターを設定

全ページに共通する資料名などを、シート外に「ヘッダー」「フッター」として設定し印刷できます。

ヘッダーやフッターを設定するには、「表示」リボンにある「ページレイアウト」を選択します。すると、印刷用紙をイメージする表示に変わり、上部に「ヘッダーの追加」(下部に「フッターの追加」)欄が現れるので、ここに入力します。上下それぞれ、左中右の3カ所に設定可能です。

2 特殊な情報の表示や書式設定も可能

このとき、メニューに「デザイン」タブが表示されます。リボンから要素を選択することで、通常の文字列では入力不可能な、ページ番号などの変化する情報を表現できます。

ページ番号／総ページ数(3／4など)といった、よく使う表記は、「ヘッダーとフッター」にあらかじめ用意されており、簡単に使用することができます。

共通タイトルやページ数を加える

❶ 「表示」リボンにある「ページレイアウトを選択する

⬇

❷ ヘッダーやフッターを入力する

⬇

❸ 「デザイン」のリボンから変化する情報なども表現できる

⬇

❹ ページ数などのよく使われる表記は「ヘッダーとフッター」から簡単に設定可能

⬇

07 PDFファイルを作成する

Excelは、購入したパソコンに必ず入っているわけではなく、別途購入が必要な場合もあるのじゃ。

① 配布しやすいPDFで保存

相手によっては、Excelファイルを送っても中身を見ることができない可能性があります。また、最近はスマートフォンなどでチェックするシーンも増えています。そこで、比較的簡単に共有する方法としてPDF形式が重宝されます。

② 印刷と同じイメージでファイル化

PDFは印刷を紙ではなく電子的に保存するものと考えてください。用紙の方向やサイズ、余白やヘッダー、改ページなどが「印刷」と同じように設定され、印刷プレビューと同等の見た目で保存されます。思い通りのPDFが作成できないときには、意図しない印刷設定が残っている場合があるので確認してみましょう。

作成は「ファイル」から「コピーを保存」メニューを表示し、保存場所とファイル名を指定して、プルダウンメニューからPDF形式を選択し、「保存」を選択します。

PDF ファイルの作成

❶ 「ファイル」を選択する

⬇

❷ 「名前を付けて保存」を選択する
※Excel2016でも、バージョンによっては「コピーを保存」に名前が変わっています。

⬇

❸ ファイルの種類は「PDF」を選択する

⬇

1/5 ページ	●△商事 定例幹部会			
支店別の月次売上				
	1月	2月	3月	4月
札幌支店	1350	1620	1944	1720
青森支店	1650	1980	2376	2080
盛岡支店	1600	1920	2304	2020
仙台支店	1750	2100	2520	2200

❹ 「保存」で指定された場所に PDF ファイルが作成される

第3章

表を見やすくする

この章では、Excelで作った表の見栄えをよくするための操作を解説します。Excelの代表的な機能の1つが表の作成です。視覚性に優れた表にするための機能が充実しており、ユーザーの腕の見せ所でもあります。

01 セルの大きさを調整する

セルの幅を変更すれば、文字や数値がセルをはみ出すことなく、きちんと収まるように設定できるのじゃ。

1 文字や数値にあわせてセルを変える

セルに文字や数値を入力しているとき、文字や数値が長くなってしまうときがあります。そのような場合、文字や数値の長さにあわせて、セルの幅を変えてみましょう。

2 セルの幅を調整するには

セルの幅を調整するには、まず、シートの「列」に着目してみてください。先頭の行には、「A、B、C……」というように、横に向かってアルファベットが並んでいるかと思います。それぞれの間には線（区切り線）があります。その線の上に、マウスカーソルを合わせてみましょう。そうすると、マウスカーソルが十字になります。その状態で、マウスを左右にドラッグしてみれば、セルの幅を変えることができます。

同様に、「行」で同じ作業を行えば、セルの高さを調整することができます。

セルの幅を変える

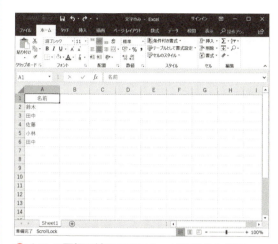

❶ セルの区切り線にマウスカーソルを合わせる
（カーソルが十字になる）

⬇

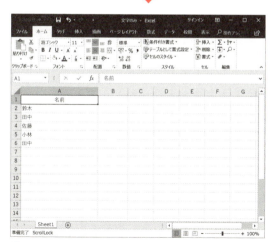

❷ マウスを左右にドラッグすればセルの幅が変わる

第3章 表を見やすくする

02 特定の行・列を表示しない

閲覧時に邪魔となる行や列については、Excelの機能を使って非表示にしてしまえば便利じゃ。

1 閲覧時に邪魔な行や列

表の作成時には必要な項目であるものの、閲覧の際には邪魔に感じられるものがあります。そのような行や列は、Excelの機能を使って非表示にしてしまうことが可能です。

2 特定の行や列を非表示にする

まず、非表示にしたい行や列の全体をクリックして、選択しておきます。そのうえで、「ホーム」タブの中にある「書式」アイコンをクリックすると、メニューが開きます。そのメニューの中から、「非表示/再表示」にマウスカーソルをあわせましょう。すると、「行を表示しない」「列を表示しない」という項目が見つかります。あとは非表示にしたい行や列を選択すれば、選択していた行や列が表示されなくなります。

非表示にしていた行や列をあらためて表示したい場合は、非表示になっている行や列の区切り線上にマウスカーソルを置き、ドラッグすれば表示されます。

特定の行・列を非表示にする

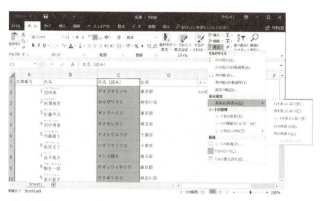

❶ 非表示にしたい行や列を選択する
❷ ①の状態で「書式」アイコンを開く
❸ 「非表示／再表示」を選択する

⬇

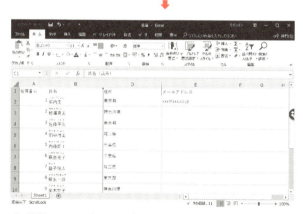

❹ 選択していた行や列が表示されなくなる

03 任意のセルだけ抽出する

特定のセルのみを抽出する機能を活用すれば、資料の中から必要な項目だけを瞬時に表示できるのじゃ。

1 特定の文字が入っているセルだけ表示したい

文字や数値を入力していると、特定の文字が入っているセルだけを抽出したい場合があるかもしれません。

2 任意のセルを抽出する方法

まず特定の文字を抽出したい行を選びましょう。そのうえで、「データ」タブの中にある「フィルター」をクリックすると、先頭のセルの右下に小さな三角形のマーク（▼）が表示されます。これを「ドロップダウンボタン」と言います。

このボタンをクリックすると、メニューが表示されるので、そのうちチェックリストにある「すべて選択」のチェックを外し、抽出したい特定の文字にのみチェックを入れましょう。そうすれば、特定の文字だけ表示されます。もとの状態に戻したい場合には、あらためてドロップダウンボタンをクリックし、「すべて選択」にチェックを入れてください。

任意のセルを抽出する

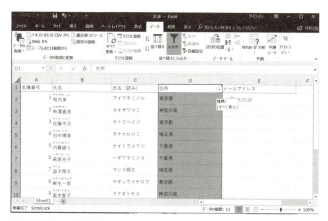

❶ **特定の文字を抽出したい行を選択する**
❷ **「データ」タブ内の「フィルター」をクリックする**

↓

❸ **「ドロップダウンボタン」の「すべて選択」を外し、抽出したい文字だけ（この場合、東京都）のみチェックする**
❹ **東京都のみ表示される**

04 条件を設定してセルを強調する

特定のセルを目立たせることによって、資料を閲覧している人の検索性がアップするのじゃ。

1 セルを強調して見やすくする

資料を作成しているとき、特定の数値などの条件を設定して、セルを目立たせることができます。たとえば、営業部ごとに売上を比較したい場合、一定の売上金額を超えているセルのみを強調することができるのです。

2 条件を設定したうえでセルを目立たせる

まず対象となる範囲のセルをドラッグして選択しておきましょう。そのうえで、「ホーム」タブにある「条件付き書式」をクリックし、メニューの中から「セルの強調表示ルール」にマウスカーソルをあわせてみましょう。すると、いくつかの条件が表示されます。このとき「指定の値よりも大きい」を選ぶと、条件を設定する画面が開くので、そこに条件を入力してください。あとは「OK」をクリックするだけです。

この手順を経ると、設定した条件に合致するセルのみが強調され、セルの検索性を高めることができます。

条件を設定してセルを強調する

❶ 対象となるセルを選択する
❷ 「ホーム」タブにある「条件付き書式」をクリックし、メニューの中から「セルの強調表示ルール」にマウスカーソルを合わせる
❸ いくつかの条件が表示される

⬇

❹ 条件を入力して「OK」をクリックする

⬇

❺ 設定した条件に合致するセルのみが強調される

05 文字に応じてセルを強調する

特定の人の名前や支店名、商品名などの条件を設定しておけば、それらの文字を強調させることができるのじゃ。

① どのセルを目立たせるのか?

一定の数を超える数値のみを目立たせることができるように、特定の文字が入力されているセルのみを目立たせることも可能です。言い換えれば、数値だけでなく、文字にも表示する条件を設定できるということになります。

② 文字に応じてセルを強調する方法

特定の文字を目立たせる場合も、数値のときと手順は同じです。まずは、必要な範囲をドラッグして選択しておきましょう。そのうえで、「ホーム」タブの「条件付き書式」をクリックし、「セルの強調表示ルール」にマウスカーソルをあわせてください。メニューが開くので、そのうちの「文字列」を選択しましょう。文字列の条件を設定する画面が表示されるので、目立たせたい任意の文字を入力し、「OK」をクリックしてください。指定した文字が強調されています。

文字に応じてセルを強調

① 対象となる範囲を選択する
② 「ホーム」タブの「条件付き書式」をクリックし、「セルの強調表示ルール」を選択する
③ 「文字列」を選択する

⬇

④ 目立たせたい任意の文字を入力し、「OK」をクリックする

⬇

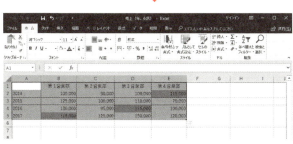

⑤ 指定した文字が強調される

06 条件付き書式の設定を解除する

条件付き書式の特性をうまく活用することによって、資料内に意味が加えられるため、閲覧者の利便性が高まるのじゃ。

① 強調をもとの状態に戻す

「条件付き書式」を活用すれば、指定した特定のセルを目立たせることができます。あとからその表示が不要になった場合は、条件付き書式の設定を解除しましょう。

② 条件付き書式の設定を解除するには

条件付き書式の設定を解除する方法は簡単です。まずは、条件付き書式で強調されているセルを選択しましょう。そのうえで、「ホーム」タブの中にある「条件付き書式」をクリックし、「ルールのクリア」上にマウスカーソルを置きましょう。

開いたメニューの中に「選択したセルからルールをクリア」という項目があります。それをクリックすれば、条件付き書式によって強調されていたセルがもとの状態に戻ります。

ちなみに、「シート全体からルールをクリア」を選択すれば、特定のセルではなく、シート全体の強調がもとに戻ります。状況に応じて使い分けてみましょう。

条件付き書式設定の解除

❶ **条件付き書式で設定されているセルを選択する**
❷ **「ホーム」タブにある「条件付き書式」をクリックする**
❸ **「選択したセルからルールをクリア」をクリックする**

⬇

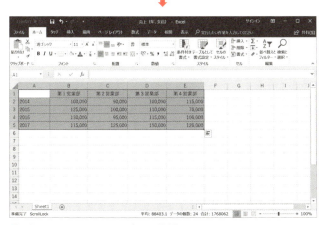

❹ **強調されていたセルが元の状態に戻る**

07 数値の大小でセルの色を変える

Excel の作業では、個々の数字に意味をもたせていることが少なくないので、セルの色を変えられるのは便利な機能なのじゃ。

1 それぞれ異なる数値の大きさ

Excel には、数値の大小に応じて色分けできる機能が備わっています。具体的には、「条件付き書式」の設定を応用して、特定の範囲内にある数値をそれぞれ色分けできるのです。

2 数値の大小によってセルの色を変えてみる

数値の大小によってセルの色を変えるには、まず設定したい範囲のセルをドラッグして選択しておきましょう。そのうえで、「ホーム」タブにある「条件付き書式」をクリックし、表示されたメニューの中から「カラースケール」にマウスカーソルをあわせます。すると、いくつかのカラースケールを選択できるようになるので、好きなものを選んでみてください。いずれかのカラースケールを選んでクリックすると、セルの数値に応じて自動的に色分けが行われます。

設定したカラースケールを解除したい場合には、「条件付き書式」の中にある「ルールのクリア」から解除できます。

数値の大小でセルの色を変える

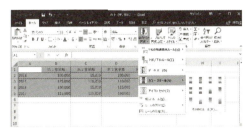

❶ 設定したい範囲のセルをドラッグして選択する
❷ 「ホーム」タブにある「条件付き書式」をクリックする

❸ 表示されたメニューの中から「カラースケール」にマウスを合わせる
❹ カラースケールを選択する

❺ セルの数値に応じて、自動的に色分けされる

08 書体やサイズを変更する

たくさんの文字や数値が並んでいる資料では、全体がごちゃごちゃしている印象をもたれてしまうのじゃ。

1 いろいろな調整ができるExcelの機能

資料全体が見にくいと感じられることがあります。そのような場合には、文字や数値の「書体」や「サイズ」を確認してみましょう。ここで言う書体とは、「明朝体」や「ゴシック体」など、文字そのもののスタイルを意味しています。

2 書体やサイズを変更するには

文字・数値の書体やサイズを変更するには、まず変更したい範囲のセルをドラッグして選択しておきましょう。変更はセル単体だけでなく、複数のセルにまたがっていても構いません。そのうえで、「ホーム」タブの「フォント」内にある、書体やサイズが表示されているところを見てください。それぞれ右側の三角形のマーク（▼）をクリックすれば、好きな書体や任意のサイズを選ぶことができます。

書体やサイズを選ぶと、選択した範囲の表示も変更されているのがわかります。

文字の書体・サイズの変更

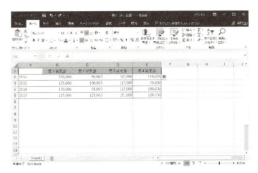

❶ 変更したい範囲のセルをドラッグして選択する

❷ 「ホーム」タブの「フォント」をクリックして、好きな書体や任意のサイズを選択する

❸ 選択した範囲の書体やサイズが変わる

09 特定の文字・数値を目立たせる

文字や数値を太字にしたり、下線を引いたり、斜体にすることで、特定の文字や数値が目立つようにできるのじゃ。

1 文字や数値を強調する

文字や数値を目立たせる方法は、色を付けるだけではありません。文字や数値そのものを強調することによって、特定の箇所を目立たせることができるのです。

2 特定の文字・数値を目立たせるには

特定の文字や数値を目立たせるには、まず強調したい文字が入力されているセルを選択してください。そのうえで「ホーム」タブにある「フォント」から、「太字」「斜体」「下線」などを選んでクリックしてみましょう。すると、選択していたセルの文字が太字になったり、斜体になったり、あるいは下線が引かれたりします。このようにして、特定の文字や数値を目立たせることができます。もちろん、同じ文字にそれぞれの効果を付加することも可能です。

強調した文字をもとに戻したい場合は、同じ動作をくり返すと、もとの表示に戻ります。

特定の文字や数値を目立たせる

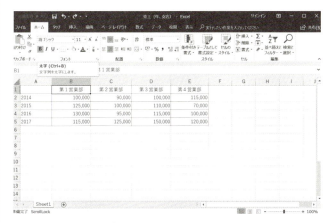

❶ 強調したい文字が入っているセルを選択する
❷ 「ホーム」タブの「フォント」から
「太字」「斜体」「下線」などを選択する

⬇

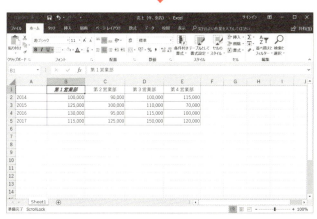

❸ 特定の文字や数値が強調される

10 文字の配置を変える

セルの中における文字の配置を変えれば、文字を右寄りとか、中央に揃えるなどの調整ができるのじゃ。

1 文字には配置がある

セルに文字や数値を入力して「Enter キー」を押すと、セルの中に文字や数値が収まります。セルの中における文字や数値の位置（配置）を変更したい場合は、セルの中における文字の配置を変えて、調整してみてください。

2 文字の配置を変更してみよう

文字の配置を変更するには、まず、配置を変更する文字のセルをクリックして選択しておきましょう。複数のセルを同時に選択しても構いません。次に、「ホーム」タブにある「配置」欄を見てみると、横棒がいくつか引かれたマークがあります。それぞれ「左揃え」「中央揃え」「右揃え」という意味になるので、揃えたい条件にあったものを選択してクリックしてください。文字の位置が変更されているのがわかります。

ちなみに、「配置」内には「上揃え」「上下中央揃え」「下揃え」という項目もあり、高さの配置を整えることも可能です。

文字の配置を変える

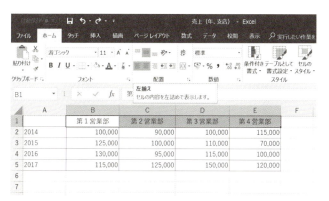

❶ 文字の配置を変更したいセルを選択する
❷ 「ホーム」タブの「配置」の中から選択する
　（この場合、左揃え）

⬇

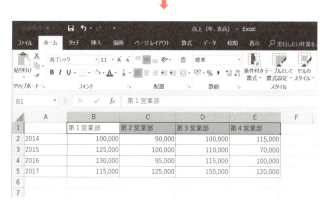

❸ 選択したセルの文字の配置が左揃えになる

11 セルを統合する

セルの結合は、エクセルでは使用頻度の高い便利な操作のひとつなので、しっかりマスターするのじゃ。

1 Excelの特徴であるセル

Excel内のセルはそれぞれが独立しており、個々に文字や数値を入力することが可能ですが、複数のセルをひとつに統合することもできます。

2 複数のセルを統合してみよう

まず統合したい複数のセルをドラッグし、選択しておきましょう。あとは「ホーム」タブの「配置」内にある「セルを統合して中央揃え」をクリックするだけです。このとき、結合するセルのそれぞれに文字や数値が入力されていると、そのうちの左上のセルにあるもの以外はすべて消えてしまいます。注意を促す画面が表示されるので、消えてしまうと困る場合には、「キャンセル」をクリックしましょう。

結合したセルをもとに戻したい場合には、結合したセルをクリックして、「セルを統合して中央揃え」の右側にある三角形のマーク（▼）から「セル結合の解除」を選択しましょう。

セルの統合

❶ 統合したい複数のセルをドラッグして選択する
❷ 「ホーム」タブの「配置」内にある
「セルを統合して中央揃え」をクリックする

❸ 選択した複数のセルが統合される

12 罫線を引く

罫線を引くことは、Excelで表を作成する際の基本テクニックなので、ぜひマスターしておくのじゃ。

1 入力した文字や数値を表らしくする

Excel内にあるセルに入力して集まった文字や数値などのデータに関しては、罫線を引いてより表らしくしてみてください。より視認性の高い資料を作ることができます。

2 罫線を引いて表を完成させよう

まず罫線を引きたい範囲をドラッグして選択しておきましょう。そのうえで「ホーム」ボタンの「フォント」欄にある、点線で描かれた四角形に着目してください。これが罫線のアイコンです。アイコンの右側にある三角形のマーク（▼）をクリックすると、罫線のメニューが表示されます。その中から、罫線のタイプを選択しましょう。選択した範囲のすべてのセルに罫線を引きたい場合には「格子」を選んでください。罫線のタイプを選ぶと、選択した範囲に罫線が引かれます。もとの状態に戻したい場合には、罫線のメニューから「枠なし」を選べばもとに戻ります。

罫線を引く

❶ 罫線を引きたい箇所を選択する

❷ 「ホーム」ボタンの「フォント」欄にある
罫線のアイコンをクリックする

❸ 罫線のメニューが表示される

❹ 罫線のタイプを選択すると、
①で選択した範囲に罫線が引かれる

13 罫線のタイプを変更する

罫線の種類を変えることによって、ただ並んでいただけの文字や数値が、表として認識しやすくなるのじゃ。

1 罫線によって目立つ表

　資料の完成度をさらに高めたい場合は、罫線の種類を変えてみてください。罫線を太くしてみたり、上下のみ引いてみたり、あるいは二重罫線を引いてみたりしてもいいでしょう。

2 罫線のタイプを変更する方法

　罫線のタイプを変更するには、まず罫線を変更したいセルの範囲をドラッグし、選択しておきましょう。そのうえで、「ホーム」タブの「フォント」欄にある、罫線アイコンの右側三角形のマーク（▼）をクリックしてください。すると、罫線のメニューが開きます。この中には、通常の細い罫線だけでなく、「太い外枠」や「下二重罫線」、あるいは「下太罫線」など、さまざまな種類の罫線があるのがわかります。あとは、変更したい罫線のタイプを選んでクリックしてください。罫線をもとに戻すには、罫線のメニューから従来のものを選んでクリックすれば、もとに戻ります。

罫線のタイプを変更する

❶ 罫線を変更したいセルの範囲を選択する

❷ 「ホーム」タブの「フォント」欄から罫線のメニューを出す

❸ 変更したい罫線のタイプを選んでクリックすると、罫線が変更される

14 セルの中に斜線を引く

セルの中に斜線を引くことによって、記入する必要のない箇所ということを強調することができるのじゃ。

1 セルの中に入力できる「斜線」

場合によっては、セルの中に斜線を引きたいことがあるかもしれません。たとえば、表の左上にある空白を、何も入力しない欄ということを示すために、斜線を引く場合などです。

2 斜線を引いてみよう

セルの中に斜線を引くには、まず任意のセルをクリックして選択しておきましょう。そのうえで「ホーム」タブの「フォント」内にある、罫線アイコン右側三角形のマーク（▼）をクリックしてください。すると、罫線のメニューが開きます。その中から「その他の罫線」を選択してください。「その他の罫線」をクリックすると、「セルの書式設定」が開きます。

その画面から、まずは左側にある線の種類を選びましょう。線の種類を選んだら、右側にある項目から斜線を選択し、プレビュー画面で確認したうえで「OK」をクリックしてください。任意のセルに斜線を引くことができます。

セルの中に斜線を引く

❶ 斜線を引きたいセルを選択する
❷ 「ホーム」タブの「フォント」から
　「その他の罫線」→「セルの書式設定」を開く

⬇

❸ 線のタイプと斜線を選択する
❹ 「OK」をクリックする

⬇

❺ ①で選択したセルに斜線が引かれる

15 特定のセルに色を付ける

セルに色を付ければ、特定の範囲を目立たせることができるだけでなく、デザインを整えることも可能となるのじゃ。

1 色があると見やすくなる

Excel では、文字や数値だけでなく、セルにも色を付けることができます。特定の範囲を目立たせるだけでなく、デザインを整えることも可能となります。

2 セルに色を付けるには

まず色を付けるセルを選択しておきましょう。そのうえで「ホーム」タブの「フォント」欄にある「バケツのマーク」に着目します。これが、セルの色を塗るためのアイコンです。

アイコンの右側にある三角形のマーク（▼）をクリックします。そうすると、さまざまな色が表示されるので、好きな色を選んでクリックすると、選択したセルの色が変わります。

セルの色をもとに戻すには、任意のセルを選択したうえで、アイコンの右側にある三角形のマーク（▼）をクリックし、メニューの中から「塗りつぶしなし」をクリックしましょう。

特定のセルに色を付ける

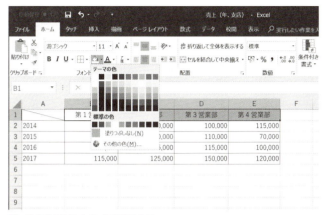

❶ 色を付けるセルを選択する
❷ 「ホーム」タブの「フォント」欄にある「バケツのマーク」から様々な色を表示させる

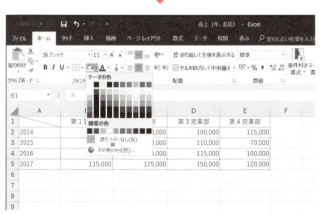

❸ 好きな色を選択すると、❶で選択したセルの色が変わる

16 行や列を固定する

先頭の行や列にたくさんの文字や数値を入力してしまうと、視認性が損なわれて見にくい表になってしまうのじゃ。

1 先頭にある行や列

先頭の行には、「年度」や「売上」などその数値を意味する説明、あるいは「営業所名」などを記載するのが一般的です。大きな資料を作る際には、先頭の行や列を固定して、視認性を高めましょう。

2 行や列を固定して表示する手順

行や列を固定するには、「表示」タブにある「ウィンドウ」を見てください。この中に、「ウィンドウ枠の固定」という項目があります。「ウィンドウ枠の固定」をクリックすると、プルダウンメニューが開かれます。その中から、「先頭行の固定」や「先頭列の固定」を選択しましょう。すると先頭の行や列が固定されているのがわかります。同様に、プルダウンメニューから「ウィンドウ枠の固定」を選択すれば、特定のウィンドウ枠を固定することも可能です。固定を解除するには、「ウィンドウ枠固定の解除」をクリックしてください。

行や列を固定する

❶ 「表示」タブの「ウィンドウ枠の固定」をクリックする

❷ プルダウンメニューから選択する

第 **4** 章

効率よく表をつくる

この章では、表を短時間に作成するためのテクニックを解説します。Excelのすごさを実感できることでしょう。マスターすれば周囲や取引先から「仕事ができる！」と思われること、間違いありません。

01 複数のセルを選択する

複数のセルをまとめて選択することにより、選択した範囲の文字や数字を一気に削除することができるのじゃ。

1 複数のセルをまとめて選択

いくつかのセルにまたがる文字や数字を削除するには、複数のセルを選択する必要があります。選択したい範囲の左上にあるセルをクリックし、クリックしたまま必要範囲までドラッグしていけば、複数のセルをまとめて選択することができます。また、「Ctrlキー」と「Aキー」を同時に押すことで、表全体をまとめて選択することも可能です。

2 離れたセルには「Ctrlキー」を使う

まとめて選択したい範囲が複数あり、それぞれのセルが離れているときには「Ctrlキー」を活用します。「Ctrlキー」を押しながら選択したいセルをクリックすると、離れたセルを選択することができます。またこの操作は、複数のセルを選択する場合にも可能です。たとえば、離れた複数のセルを選択した状態で「Deleteキー」を押してみると、選択されたすべてのセルの文字や数値が削除されます。

複数のセルの選択

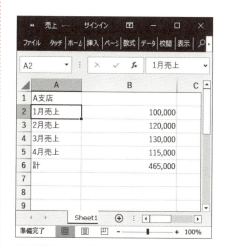

❶ 選択したい範囲の左上のセルをクリックする

⬇

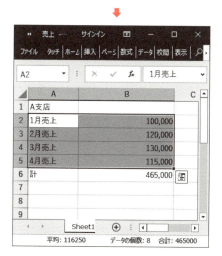

❷ クリックしたまま必要な範囲までドラッグすれば、複数のセルをまとめて選択できる

02 文字や数値を修正する

セルを修正する方法としては、セルの内容を上書きする方法とセルの内容の一部を修正する方法があるのじゃ。

1 文字や数値の修正

文字や数値を間違って入力してしまった場合に、セルを修正する方法として大きく2つあります。1つはセルの内容を上書きする方法、もう1つはセルの内容の一部を修正する方法です。状況に応じて、いずれかの方法を選択しましょう。

2 セルの上書きと部分修正

セルの内容を上書きするには、修正するセルをクリックし、正しい文字や数値を入力するだけです。新しい内容へと自動的に上書きれるので、わざわざ削除する必要はありません。

一方、セルの内容のうち一部を修正する場合には、修正するセルをクリックした上でさらにダブルクリックすると、セルの中にカーソルが表示されるので、任意の文字や数値を消したり、書き直したりできます。

複数のセルの内容が間違っている場合、複数のセルを選択したまま「Delete キー」を押せば、まとめて消せます。

文字や数値を修正する

❶ 修正するセルをクリックする

⬇

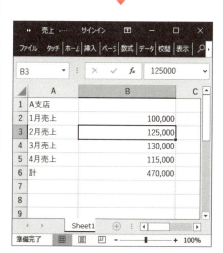

❷ 正しい文字や数値を入力すれば、自動的に上書きされる

03 削除した文字をもとに戻す

矢印アイコンで戻るのは、複数のセルを消してしまった場合でも同じじゃ。

1 文字や数値の打ち間違い

　文字や数値を入力していたり、あるいは文字や数値を削除していたりすると、うっかり正しいものまで消してしまうことがあります。そのような文字や数値の打ち間違いをしてしまった場合には、あらためて入力するのではなく、「もとに戻す」機能を活用しましょう。

2 矢印アイコンをクリックするだけ

　間違って消してしまった文字や数値をもとに戻すには、Excel画面の左上にある「矢印アイコン」をクリックするだけです。この矢印アイコンをクリックすると、作業する前の画面に戻してくれます。

　実際に矢印アイコンを使ってみましょう。たとえば、どこかの数値を誤って消してしまったとします。そのようなときには、そのままの状態から矢印アイコンをクリックしてみると、数値がもとに戻っているのが確認できるでしょう。

削除した文字をもとに戻す

❶ 誤って文字や数値を削除してしまっても……
❷ Excel 画面左上の「矢印」アイコンをクリックすれば……

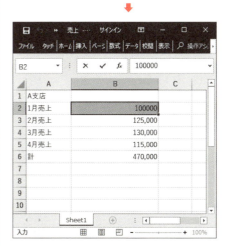

❸ 削除する前の画面に戻る

04 文字や数値をコピペする

同じ文字や数値を何度も入力する際、いちいち入力して手間も時間もかかってしまうことを避けることができるのじゃ。

1 文字や数値をコピーする

Excel で同じ文字や数値を何度も入力しなければならないとき、文字や数値をコピーしてしまえば、必要な箇所に貼り付けるだけで入力できるため、作業がスピーディーです。

文字や数値をコピーするには、コピーしたいセルをクリックし、「ホーム」にある「コピーアイコン」をクリックするだけです。その状態ですでにコピーが完了しています。

2 文字や数値を貼り付ける（ペースト）

文字や数値をコピーしたあとは、任意のセルに貼り付け（ペースト）しましょう。文字や数値がコピーされれば、「貼り付けアイコン」をクリックするだけで貼り付けることができます。この作業を「コピー&ペースト（コピペ）」と言います。

コピー&ペーストは、キーボード操作でも可能です。コピーは「Ctrl キー」と「C キー」の同時押し、ペーストは「Ctrl キー」と「V キー」の同時押しとなります。

文字や数値をコピーして貼り付ける

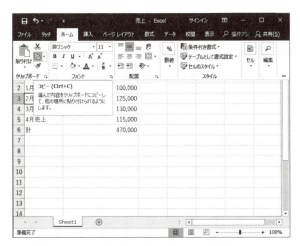

❶ コピーしたセルをクリックし、「ホーム」にある「コピーアイコン」をクリックする

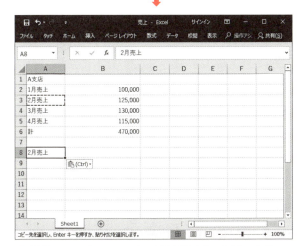

❷ 任意のセルをクリックして貼り付けることができる

05 同じ文字や数値を手早く入力する

この方法は、とくに同じ文字と続き番号を入力したい場合に効果を発揮するのじゃ。

1 同じ文字や数値を入力する

　複数のセルに同じ文字や数値を入力する場合、その都度コピー&ペーストをしていくよりも、スムーズに行える方法があります。

　単純に、同じ文字や数値を行や列にコピーする場合、まず任意の文字が入力してあるセルをクリックしてください。右下に黒い四角形（■）が出てきます。その四角形にマウスを乗せると「+」に変化します。あとは、コピーしたい行や列に向かってマウスをドラッグすればコピーできます。

　続き番号を入力したい場合にも操作は同様です。文字と番号が入力されている任意のセルをクリックし、同じ作業を行ってください。そうすると、文字はコピーされ、数字の部分だけひとつずつ増えていきます。

　ちなみに、数字だけを続き番号にしたい場合には、「1」だけでなく「2」まで入力してから同じ作業を行ってください。「1」のみだと「1」のコピーとなってしまいます。

同じ文字や数値を入力する

❶ 任意の文字が入力してあるセルをクリックする
（右下に■が現れる）

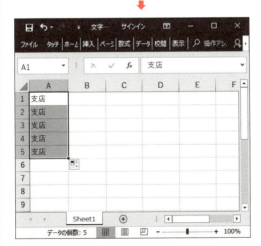

❷ ■にマウスを合わせてドラッグすれば、
同じ文字がコピーされる

06 コピーした文字や数値の活用

文字や数値を何度も使いたい場合には、その都度コピーするのではなく、「クリップボード」を活用するのじゃ。

1 クリップボードにコピーして貼り付ける

　クリップボードとは、文字や数値を一時的にデータとして保存しておく場所のことです。

　クリップボードを活用する場合は、まず、「ホーム」の左下にある「クリップボード」の矢印をクリックしてください。すると、Excelの画面（左側）にクリップボードのメニューが表示されます。あとは、クリップボードに保存したい文字や数値などをコピーしましょう。たとえば、Excel内にある「A支店」という文字をコピーしてみると、自動的にクリップボードに保存されているのがわかります。

　クリップボードに保存されているものを貼り付けたい場合には、貼り付ける先のセルをクリックした状態から、クリップボード内にある任意の項目をクリックするだけです。そうすることで、コピー&ペーストの作業をくり返すことなく文字や数値を貼り付けられます。グラフや画像などでも応用できます。

クリックボードを利用する

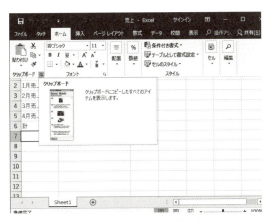

❶ 「ホーム」左下の「クリップボード」の矢印をクリックする
❷ クリップボードのメニューが現われる

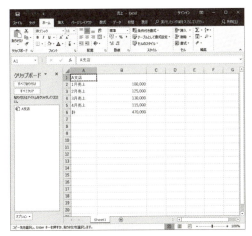

❸ クリップボードに保存したい文字や数値をコピーする
❹ クリップボード内に自動的に保存される

07 テンプレートで表を作る

テンプレートを活用すれば、予算や納品書など、作りたい表を短時間で作ることができるのじゃ。

1 さまざまなテンプレート

テンプレートとは、特定の用途に活用できるひな形のことです。

メニューにある「ファイル」から「新規」を選択すると、右側に「オンラインテンプレートの検索」と書かれた検索窓が表示されます。そこに、これから作る表のカテゴリーを入力してください（候補として表示されているものをクリックしても構いません）。

たとえば、「予算」と入力して「Enterキー」を押してみましょう。すると、予算に関連した候補として、「個人予算表」「標準家庭の予算」「学校の体育予算」などの豊富なテンプレートが表示されます。特定のテンプレートをクリックすると詳細が表示されるので、それでよければ「作成」を押してください。

任意のテンプレートを選択すると、テンプレートが自動的にダウンロードされて使えるようになります。

テンプレートで表を作る

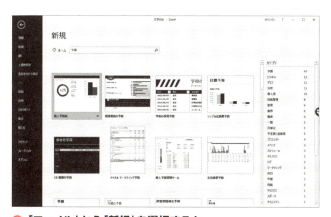

❶ 「ファイル」から「新規」を選択すると、
「オンラインテンプレートの検索」という検索窓が表示される

❷ 「予算」と入力すると……

⬇

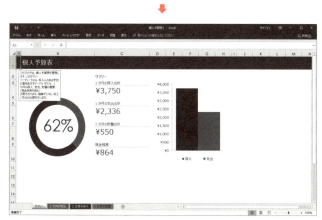

❸ 「個人予算表」などのテンプレートが表示される

第4章 効率よく表をつくる

08 名前を特定の方法で並べる

Excelで名簿を作る場合、簡単にふりがなをふることができるのじゃ。

① 氏名にふりがなをふる

　ふりがなをふるには、名前が入力されたセルを選択し、「ホーム」の「フォント」内にある「ア亜」の右側の三角形（▼）をクリックしてください。そのうえで「ふりがなの表示」をクリックすれば、氏名の上にふりがなが入力されます。

　また、ふりがなだけを別のセルに入力したい場合には、「PHONETIC」という関数を使用します。

　まず、ふりがなのみを入力するセルをクリックし、「数式」→「その他の関数」→「情報」→「PHONETIC」の順番でクリックしていきましょう。すると、「関数の引数」という画面が表示されるので、ふりがなの元となる氏名が入力されているセルをクリックし、「参照」のところにセルの数字が入っているのを確認してください。「OK」をクリックすれば、ふりがなが入力されます。その他のセルにもふりがなを入力するには、ふりがなが入力されているセルをクリックし、右下の四角形（■）をドラッグするだけです。

氏名にふりがなをふる

❶ 名前が入力されたセルを選択し、「ホーム」の「フォント」内にある「ア亜」→「ふりがなの表示」をクリックする

❷ 氏名の上にふりがなが入力される

09 縦と横を入れ替える

表を作る際、縦と横にどのような文字や数値を入力するかによって、表の見栄えは大きく変わるのじゃ。

1 表における縦と横

Excelの表には、縦（行）と横（列）があります。

たとえば、縦に年数を、横に各営業部の名前を入力している最中に、縦横を入れ替えたくなった場合、文字や数値を入力し直すのは大変です。

2 縦と横を入れ替える方法

表の縦と横を入れ替えるには、まず表全体を選択してコピーしておきます。そのうえで、縦と横を入れ替えた表を入力したい先のセルをクリックしておきましょう。あとは「ホーム」にある「貼り付け」の下の三角形（▼）をクリックし、メニューの中から「行を入れ替える」タブをクリックすれば、縦と横が入れ替わった表が自動的に入力されます。

表の縦と横を入れ替えてみると、見栄えが大きく変わっていることがわかるはずです。あとは、どちらの方が見やすいのかを検討したうえで、作成を進めていきましょう。

表の縦と横の入れ替え

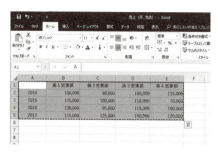

❶ 表全体を選択してコピーする

❷「ホーム」にある「貼り付け」をクリックし、メニューの中から「行を入れ替える」タブをクリックする

❸ 縦と横が入れ替わった表が表示される

10 同じ計算をくり返す

いちいち計算式を入力するのではなく、ドラッグを活用することで、同じ計算をくり返すことができるのじゃ。

1 複数の行や列で計算する

Excelで似たような計算をする度に数式を入力していると、単純な足し算でも、その都度「=（セル番号）+（セル番号）」を入力するのは大変です。そこで、同じ計算式を他の行でも簡単に行える方法を紹介しましょう。この方法を使えば、あるセルの計算をそのままコピーして行うことができます。

2 計算式をコピーして計算をくり返す

たとえば、営業部ごとに各年度の売上を合計したものを計算したいとします。そのような場合、まずひとつの営業部で計算を行います。数字を足し合わせるには、計算するセルを選択して、「数式」タブの「ΣオートSUM」をクリックするだけです。そのうえで、他の営業部でも同じ計算をしたい場合には、同様の操作をくり返すのではなく、計算された結果を選択してドラッグします。同じ計算式がコピーされ、営業部ごとに合計金額が表示されているのがわかります。

計算式をコピーする

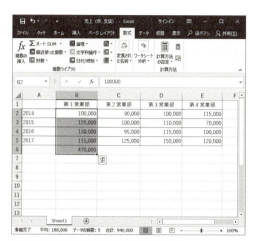

❶ 1つの営業部で合計の金額を出す
❷ 「数式」タブの「ΣオートSUM」をクリックする

❸ 同じ計算式がコピーされ、営業部ごとに合計金額が表示される

11 複数のセルの平均を出す

平均を出したい場合は、計算式を入力するのではなく、「Σオート SUM」を活用して省力化するのじゃ。

1 平均を出すのに計算式はいらない

前項で、数値の足し算は、「数式」タブの「Σオート SUM」を活用すればワンクリックで行なえることを説明しましたが、計算式を入力しなくていいのは足し算（合計）だけではありません。平均を出す場合も、クリックするだけで行なえます。

2 セルを選択して「平均」を選ぶ

平均を出すには、まず平均を出したい範囲のセルを選択します。そのうえで、「数式」タブから「Σオート SUM」の右側にある三角形（▼）をクリックしてみましょう。その中に「平均」タブがあるのがわかると思います。あとは、その「平均」タブをクリックすれば、自動的に平均が入力されます。

足し算をしたときと同じように、平均を他の営業部でも出したい場合には、すでに計算されているセルをクリックし、右下にある四角形（■）をクリックしたままドラッグすれば、各営業部の平均が自動的に入力されます。

複数のセルの平均を出す

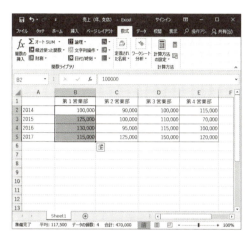

❶ 平均を出したい範囲のセルを選択する

❷ 「数式」タブから「ΣオートSUM」→「平均」タブをクリックすると、自動的に平均が入力される

❸ 他の営業部にもドラッグすれば自動的に平均が入力される

12 最大値や最小値を見つける

とくに売上が多かった・少なかった年度を調べる場合などに便利な機能じゃ。

① 最大値と最小値

　Excelを使って表を作成していると、表の中から「最大値（MAX）」や「最小値（MIN）」を出したい場合があります。

　まず、最大値を取り出す範囲のセルを選択しておきます。次に「数式」タブの左上にある「ΣオートSUM」の右側にある三角形（▼）をクリックしてみましょう。すると、「最大値」のタブがあるのがわかります。あとは「最大値」のタブをクリックすれば、自動的に最大値が入力されます。

　最小値についても同様の操作で出すことが可能です。最大値の下に最小値を入力したいのであれば、そのまま同じ作業をくり返してみてください。最大値の下に、最小値が入力されているのがわかります。

　また、足し算や平均と同様に、計算されたセルの右下にある四角形（■）をドラッグすれば、計算をくり返すことも可能です。

最大値の見つけ方

❶ **最大値を取り出す範囲のセルを選択する**
❷ **「数式」タブ左上の「ΣオートSUM」右側の「最大値」タブをクリックする**

⬇

❸ **自動的に最大値が入力される**

13 数値の大小で並べ替える

並び替えはよく使うので、ぜひ覚えておきたいテクニックの1つじゃ。

1 数値の「昇順」と「降順」

さまざまな数値を扱う Excel の作業では、数値の最大値や最小値を求めるだけでなく、数値を順番に並び替える必要性も出てきます。そのような場合、いちいち手動で並び替えていると、時間も手間もかかってしまいます。そこで、簡単に並び替えることができる方法を紹介しましょう。

まず、並び替えをしたいセルの範囲を選択しておきます。次に、「データ」タブの中から「AZ↓（昇順：小から大へ）」か「ZA↑（降順：大から小へ）」を選んでクリックしましょう。

そうすると、「並べ替えの前に」という画面が表示されます。ここで「選択範囲を拡張する」を選択すれば、関連する表全体の文字も並び替えられます。一方、「現在選択されている範囲を並び替える」にすると、数値の順番だけ入れ替わります。

たとえば、「選択範囲を拡張する」を選択すると、左側にある文字も一緒に入れ替わるのが確認できます。文字と数値がセットになっている場合、こちらを選択するようにします。

数値の並び替え

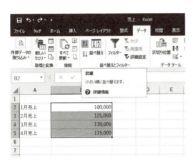

❶ 並び替えをしたいセルの範囲を選択する

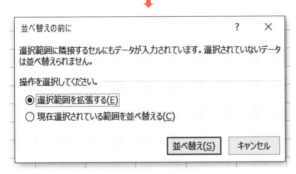

❷ 「選択範囲を拡張する」を選択する

❸ 数値が並び替えられる

14 表を縮めて閲覧する

Excelでは、列や行を省略して表示することにより、最も端の数値まで一覧することが可能となるのじゃ。

① 行や列の距離を縮める

　縦や横に長い表を作っていると、最も端にある合計を確認するのに手間がかかります。その都度、カーソルを動かして（スクロールして）確認しなければならないためです。

　そのような場合には、表を縮めて、全体を閲覧できるように調整しましょう。

　表を縮めて表示するには、まず縮めて表示したいセルをクリックして選択しておきましょう。そのうえで、「表示」タブにある「分割」をクリックすると、分割したいセルの左側に灰色の線が引かれます。この線が表示されている状態であれば、セルが分割されているため、画面をスライドして表示を縮めることが可能となります。

　セルを縮めてしまえば、多くのデータを並べている表でも、年度ごとに合計を比較することができます。もちろん、セルの分割は、縦（列）でも横（行）でも行えます。作成した表の長さにあわせて、上手に活用してみるといいでしょう。

表を縮めて表示する

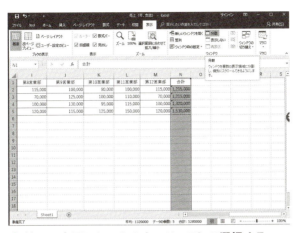

❶ **縮めて表示したいセルをクリックして選択する**
❷ **①の状態で「表示」タブにある「分割」をクリックする**
❸ **分割したいセルの左側に灰色の線が引かれる**

⬇

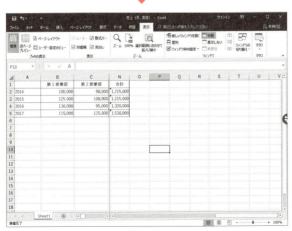

❹ **画面をスライドして表示を縮めることができる**

第 5 章

グラフや図で表現を広げる

この章では、表をグラフ化する際の操作やテクニックを解説します。ここで作成したグラフはWordやPowerPointなどで作った資料に貼り付けることができるので、ビジネスパーソンなら覚えておきたいところです。

01 グラフを作成する

Excelのグラフ化機能を活用すれば、さまざまな種類のグラフを簡単に作ることができるのじゃ。

1 表をグラフにする

Excelで作成した表は、グラフにすることで、より視認性が上がります。たとえば、それぞれの差や推移をチェックしたり、あるいは将来の予測をしたりする場合には、グラフを作成した方がいいでしょう。

2 複数のグラフから選択する

グラフを作成するには、まず作成するグラフのもととなるデータの範囲を選択します。範囲を選択したうえで、「挿入」タブの中から任意のグラフを選びましょう。「おすすめグラフ」から、好きなものを選んでも構いません。

ためしに、棒グラフを選択してみましょう。棒グラフにもいろいろな種類が用意されていますが、本項ではその中でも「2-D」の「集合縦棒」を選択してみます。選んだものをクリックすると、画面内にグラフが表示されます。

このようにExcelでグラフを作成するのはとても簡単です。

表をグラフにする

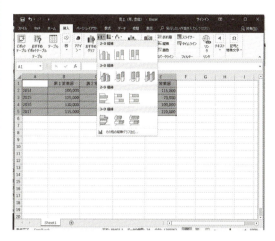

❶ 作成するグラフのもとになるデータの範囲を選択する
❷ 「挿入」タブの中から任意のグラフを選択する

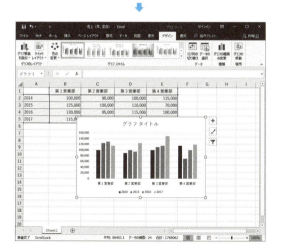

❸ 選択したグラフが画面内に表示される

02 グラフを調整する

グラフの位置やサイズを任意のものに調整して使うことによって、より見やすい資料を作ることができるのじゃ。

❶ グラフのサイズや位置を調整する

　作成したグラフは、そのまま使うこともできますが、たとえば、売上を数字とグラフの両方で見比べたい場合には、それぞれを並べて表示すると、比較も容易になります。

　まずは、グラフの位置を変更してみましょう。グラフの位置を変更するには、グラフ上にマウスを乗せて、マウスのカーソルが十字の矢印になるところでドラックすれば、グラフ全体を自由に移動させることができます。

　また、グラフのサイズを調整するには、上下左右にある丸（○）ボタンをドラッグしてみましょう。四隅にある丸ボタンは縦横斜めなどさまざまな方向に、上下左右にある丸ボタンはそれぞれ上下と左右に拡大・縮小できます。

　ただし、マウスのカーソルが正しい位置に置かれていないと、きちんと操作することはできません。丸ボタンの上にカーソルを合わせてから、拡大・縮小などの操作をするようにしましょう。

グラフのサイズを調整する

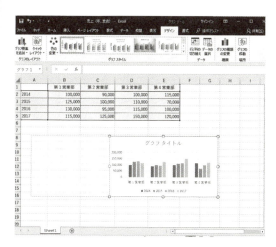

❶ 作成したグラフの上下左右の○ボタンをドラッグする

⬇

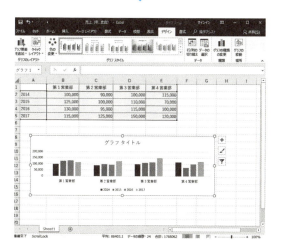

❷ グラフが上下左右に拡大・縮小される

03 グラフの種類を変える

作成済のグラフを、「縦棒」や「折れ線グラフ」など、さまざまな種類のグラフへ変更することが可能となるのじゃ。

① グラフの種類は変更できる

作成したグラフをチェックしているとき、あとから「もっと違うグラフの方がいいかもしれない」と思うこともあるでしょう。そのような場合に、あらためてグラフを作り直していると時間がかかってしまいます。そこで、グラフの種類を簡単に変更できる方法を紹介しましょう。

② 種類によって変わる見栄え

グラフの種類を変更するには、まず変更するグラフをクリックします。そのうえで、「デザイン」タブの中にある「グラフの種類の変更」タブをクリックしましょう。

そうすると、「グラフの種類の変更」画面が表示されます。メニューの中から、好きなグラフに変えてみてください。たとえば、折れ線グラフを選択すると、Excelに表示されていた棒グラフが折れ線グラフに変わります。

このように、グラフの種類は簡単に変更できます。

グラフの種類を変える

❶ 変更するグラフをクリックして、「デザイン」タブ内の「グラフの種類の変更」タブをクリックする

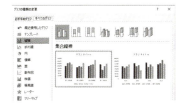

❷ 「グラフの種類の変更」画面から、任意のグラフを選択する

⬇

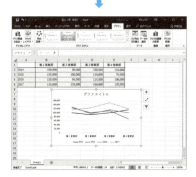

❸ 折れ線グラフを選択すると、棒グラフが折れ線グラフに変わる

04 新しいデータをグラフに反映する

ドラッグして選択範囲を広げるだけで、グラフを更新することができるのじゃ。

1 グラフに新しいデータを追加する

Excelの表からグラフを作成したあと、データが更新されたり、あるいはミスが見つかったりして、数値の加筆・修正が必要となることがあります。すでに作成したグラフに対し、数値の変更を反映させる方法を紹介しましょう。

2 選択する範囲を変えるだけ

たとえば、各営業部における年度ごとの売上に、「合計」を追加したとしましょう。ただ数値を入力するだけでは、グラフはそのままです。そこで、修正したいグラフをクリックしてみましょう。

グラフをクリックしてみると、データが反映されている箇所も選択されているのがわかります。その選択されている表の右下にある四角形（■）をドラッグし、「合計」の範囲まで選択範囲を伸ばしてみましょう。そうすると、グラフ内に新しく「合計」が加わります。

新しいデータをグラフに反映する

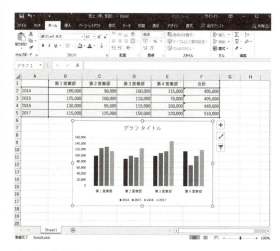

❶ 表の「合計」の範囲まで選択範囲を伸ばす

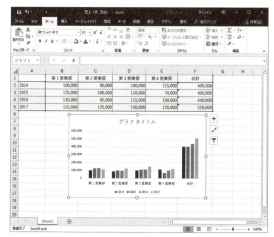

❷ 棒グラフにも「合計」が加わって表示される

05 グラフのデザインを変える

Excelには、いくつかのグラフのデザインが用意されていて、伝えたいイメージを反映することができるのじゃ。

1 さまざまなグラフのデザイン

Excel で作成できるグラフにはさまざまな種類があります。「グラフスタイル」という機能を活用すれば、イメージに合ったグラフのデザインへと変更することができます。

2 デザインによって印象も変わる

グラフのデザインを変更するには、まずデザインを変更したいグラフをクリックしてください。そして、グラフが選択されている状態で、「デザイン」タブの「グラフスタイル」右下にあるアイコンをクリックしてみましょう。

そうすると、選択できるさまざまなデザインを閲覧できるようになります。その中から、変更したいデザインを選択してみてください。たとえば「スタイル9」を選んでみると、全体が黒っぽいグラフに変わります。

このようにして、グラフをいろいろなデザインに変更してみることで全体のイメージに合うように活用してみましょう。

グラフのデザインを変える

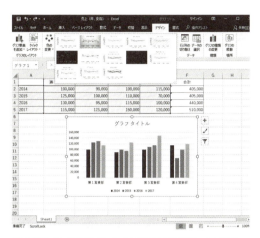

❶ デザインを変更したいグラフをクリックする

❷ ①の状態で「デザイン」タブの「グラフスタイル」を
クリックすると、さまざまなデザインのグラフが表示される

⬇

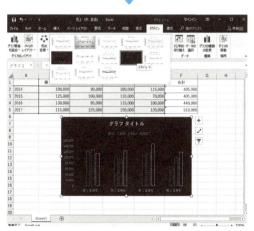

❸ 「スタイル9」を選ぶと全体が黒っぽいグラフに変わる

06 グラフの縦軸と横軸を入れ替える

縦軸と横軸それぞれにどのような文字や数字を入力するのかによって、グラフの見え方も大きく変わってくるのじゃ。

1 グラフの縦軸と横軸

表に縦（列）と横（行）があるように、グラフにも縦（縦軸）と横（横軸）があります。たとえば、「年度ごと」に表示していたグラフを、「支店ごと」に切り替えたいとき、わざわざグラフを作り直す必要はありません。グラフの縦と横を切り替えてしまえばいいのです。

2 縦軸と横軸を変更する

グラフの縦軸と横軸を切り替えるには、まず変更したいグラフをクリックしてください。そのうえで、「デザイン」タブの中にある「行/列の切り替え」をクリックしましょう。

そうすると、これまで営業部ごとに売上を比較していたグラフだったのが、年度ごとの比較に変わっているのがわかるでしょう。どのデータを中心にグラフを作成するのかを検討して、縦軸と横軸を切り替えてみてください。そうすることで、伝えたいことがより伝わる資料を作れるようになります。

グラフの縦軸と横軸の入れ替え

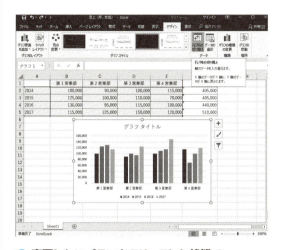

❶ 変更したいグラフをクリックした状態で、「デザイン」タブの「行／列の切り替え」をクリックする

⬇

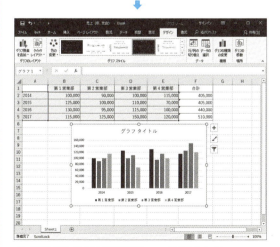

❷ 営業部と年度が切り替わって表示される

07 グラフにタイトルを入れる

作成したグラフにタイトルをつけておけば、そのグラフがどんな内容を表しているのかが瞬時にわかるようになるのじゃ。

1 タイトルがあるとわかりやすい

グラフの視認性を高めるには、そのグラフがどのような内容を表しているのかを端的に伝えてあげる必要があります。そのために活用できるのが、グラフの「タイトル」です。

2 グラフにタイトルを入れてみる

表からグラフを作成した段階では、グラフの上部に「グラフタイトル」と表示されています。この表示を変更することで、グラフのタイトルを任意に設定できます。グラフのタイトルを変更するには、「グラフタイトル」と書かれたところをクリックし、文字を変更するだけです。

また、縦軸や横軸に文字を入れることも可能です。グラフを選択し、右側に表示された「+」のアイコンをクリックすると、追加したい項目が表示されます。その中から、任意のものを選んで追加してみましょう。たとえば「軸ラベル」にチェックを入れると、軸に文字を入れられるようになります。

グラフにタイトルを入れる

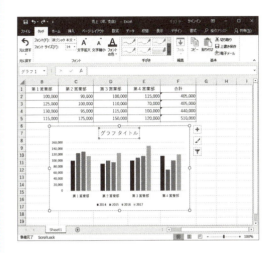

❶ グラフ内の「グラフタイトル」部分をクリックする

⬇

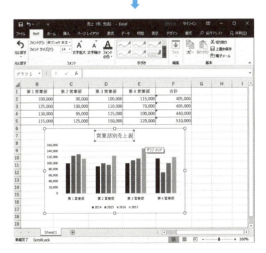

❷ 任意のタイトルを入力すれば、そのタイトルが表示される

08 グラフを別のシートに移動する

この方法で、表とグラフをセットで表示するのではなく、グラフのみを別のシートに移動させることができるのじゃ。

1 複数のシートを作成してブックを作る場合

Excelで複数のシートを作成し、ひとつのブックを作りたい場合、グラフのみを別のシートで表示したいことがあるでしょう。その際、新しいシートを表示してからあらためてグラフを作成するのは大変です。そこで、グラフを別のシートに移動させる方法を紹介しましょう。

2 作成したグラフをシート間で移動させる

作成したグラフをシート間で移動させるには、まずグラフをクリックして選択しましょう。そのうえで「デザイン」タブにある「グラフの移動」をクリックします。
「グラフの移動」画面が表示されたら、「新しいシート」にチェックを入れて、グラフが移動される先のシート名を入力してください。そのままだと「グラフ1」という名前になります。あとは「OK」ボタンをクリックすれば、「グラフ1」というシートが作成され、そこにグラフが移動されます。

グラフを別のシートに移動

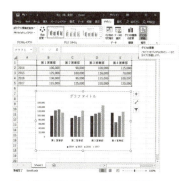

❶ **グラフをクリックして選択**

❷ **①の状態で、「デザイン」タブにある「グラフの移動」をクリックする**

⬇

❸ **「グラフの移動」画面が出たら、
「新しいシート」にチェックを入れて、
グラフの移動先のシート名を入力し、「OK」をクリックする**

⬇

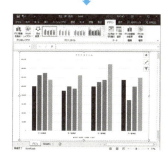

❹ **移動先のシートにグラフが移動する**

09 図形の活用

Excelでは、文字や数値だけでなく、矢印や三角形などの「図形」も表示することができるのじゃ。

1 表に図形を挿入する

　Excelでは、矢印や四角形、あるいは三角形などの「図形」も表示することができます。とくに矢印は文字や数値を強調したい場合や、物事の推移を表したい場合によく使われます。

　Excel内に図形を挿入するには、まず「挿入」タブにある「図」をクリックし、その中の「図形」アイコンをクリックします。すると、さまざまなアイコンが表示されます。

　その中から、「矢印」のアイコンをクリックしてみましょう。すると、マウスのカーソルが「＋」に変わります。あとは、矢印を引きたいところへ、マウスをドラッグするだけです。そうすれば矢印が表示されます。

　ちなみに、矢印を挿入すると自動的に「書式」タブが開きます。この中から、「図形のスタイル」などをクリックすると、挿入した矢印が任意のデザインに変更することも可能です。通常の矢印を変更してより目立たせたい場合に試してみるといいでしょう。

図形を活用する

❶ 「挿入」タブにある「図」をクリックし、「図形」アイコンをクリックすると、さまざまなアイコンが表示される

⬇

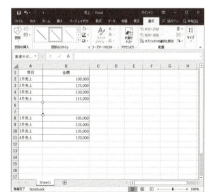

❷ 「矢印」のアイコンを選択して、矢印を引きたい箇所へマウスをドラッグすると、矢印が表示される

10 特殊な図形の活用

資料の中に特殊な図形を挿入すると、視認性が高まり、より理解されやすい資料になるのじゃ。

1 表に特殊な図形を挿入する

Excelでは、表に「特殊な図形」を挿入することもできます。特殊な図形とは、「リスト」や「手順」「循環」「階層構造」などを表現するための、構造的な図のことです。

2 さまざまな図形を活用してみよう

Excel内に特殊な図形を挿入するには、まず、「挿入」タブの「図」にある「SmartArtグラフィック」をクリックしてください。「SmartArtグラフィックの選択」という画面が表示されます。「SmartArtグラフィックの選択」が表示されたら、任意の図形を選択してみましょう。用途に応じて、カテゴリーが分けられています。適切なものが見つかったら、「OK」をクリックしましょう。

すると、Excel内に先ほど選んだ図形が挿入されます。あとは、図形の中にテキストを入力したり、大きさを変えたりして、資料に合うように調整しましょう。

特殊な図形を活用する

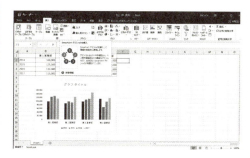

❶ 「挿入」タブの「図」にある「SmartArt グラフィックス」を選択する

❷ 「SmartArt グラフィックス」の中から任意の図形を選択する

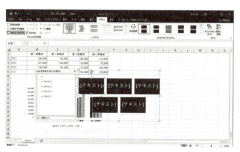

❸ シート内に選択した図形が挿入される

11 画像の活用

Excelの表に画像を入れるには、使用する画像をパソコンに予め保存しておけば簡単に挿入することができるのじゃ。

1 保有している画像を使う

Excelで資料を作成する際によく使われるのが「画像」です。図形やアイコンはExcel内にあるものしか使えませんが、画像の場合、保有しているあらゆるものを使用することができます。その点、応用範囲が広い素材であると言えます。

2 位置と大きさを調整する

画像の挿入も図形と手順は同じです。まず、「挿入」タブにある「図」の中から「画像」をクリックしてください。挿入したい画像をファイルの中から選択できます。あとは、挿入する画像を選択して、右下にある「挿入」ボタンをクリックすれば、Excel内に画像が挿入されているのが確認できます。

ちなみに画像は、上下左右にある丸（○）ボタンをドラッグして大きさを変えたり、カーソルを乗せてドラッグして位置を移動させたりすることもできます。適切な大きさや位置に調整しつつ活用してみてください。

画像の活用

❶ 「挿入」タブの「図」の中から「画像」をクリックする
❷ 挿入したい画像を選択して、「挿入」をクリックする

⬇

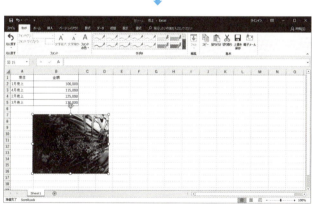

❸ シート内に画像が表示される

第6章

覚えておきたい「差がつく」機能

最後の章は、知っておきたい裏ワザ集です。膨大なExcelの機能の中から、忙しいビジネスパーソンには効果てきめんなものを厳選しました。ここで生まれた時間を他の業務やプライベートに役立ててください。

01 ミニグラフを作成する

スパークラインを活用すれば、作成した表の数値を小さなグラフとして表示することが可能となるのじゃ。

1 「スパークライン」の活用

　Excel は、ひとつのセルに収まってしまうぐらいの小さなグラフも作成することができます。これを「スパークライン」と言います。スパークラインを活用すれば、数値の推移を簡単にチェックすることができるようになるのです。

2 セルの中にミニグラフを作る

　まず、スパークラインを表示させたいセルをクリックし、選択しておきます。そのうえで、「挿入」タブにある「スパークライン」をクリックすると、「折れ線」「縦棒」「勝敗」というグラフのタイプが表示されるので、その中から好きなグラフを選んでクリックしてください。グラフを選ぶと、「スパークラインの作成」という画面が表示され、作成するグラフの元となるデータの範囲を選択します。「OK」をクリックすれば、選択してあったセルにスパークラインが表示されます。選択していたセルの中に折れ線グラフが作成されています。

ミニグラフの作成

❶ **スパークラインを表示したいセルをクリックした状態で、「挿入」タブ内の「スパークライン」をクリックする**

❷ **「折れ線」「縦線」「勝敗」というグラフのタイプが表示されるので、いずれかをクリック**

❸ **「スパークラインの作成」画面で、作成するグラフの元となるデータの範囲を選択し、「OK」をクリックする**

❹ **選択したセルの中にグラフが表示される**

02 コメントを挿入する

任意のセルに対応するかたちで補足となるコメントを入れておけば、資料を見た人の理解も深まるはずじゃ。

1 セルに詳細を記載するために

作成した表をチェックしているとき、「この数値には追加の説明が必要だ」と感じることもあるでしょう。そこで、Excelの中に補足となるコメントを入れておけば、資料を見た人の理解も深まります。

2 「校閲」タブから「コメント」を挿入

特定のセルに対してコメントを挿入するには、まず任意のセルをクリックして選択しておきましょう。

次に、「校閲」タブにある「新しいコメント」をクリックします。そうすると、作成者の名前（Excelの管理者）とともに、コメントを入力できる欄が表示されます。ここに、任意のコメントを入力します。ちなみに、このコメント欄は、別のセルを選択しているときには表示されません。その代わり、コメントが挿入されているセルには右上に赤い三角のマークが付いており、このマークがコメントの目印となるわけです。

コメントの挿入

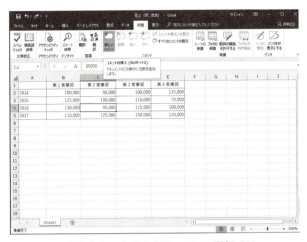

① コメントを入れたいセルをクリックして選択する
② 「校閲」タブにある「新しいコメント」をクリックする

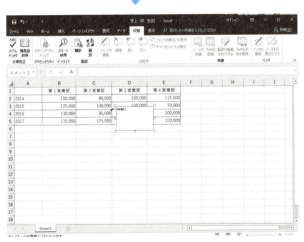

③ コメント欄が表示される

03 セルの幅を自動で調整する

Excelでは、セルの幅を縦（列）と横（行）のどちらに対しても広げることができるのじゃ。

1 文字数によって変わる幅

ひとつのセルに入力する文字が長くなる場合、セルの中に入り切らないこともあるかと思います。

そのような場合は、セルの幅を広げれば、長い文章を入力するときでも、すべてをもれなく表示させられます。

2 セルの幅を自動で調整する

セルの幅を広げるには、行であれば「A、B、C……」と書かれている灰色の部分の区分け線に、列であれば「1、2、3、……」と書かれている灰色の部分の区分け線に、マウスカーソルを乗せてドラッグするだけです。マウスカーソルが十字になってから操作しましょう。

また、セルの幅を自動で調整するには、マウスカーソルが十字に変わってから、そのままダブルクリックをするだけです。そうすると、文字数の長さに合わせてセルが自動で調整されるようになります。

セルの幅を調節する

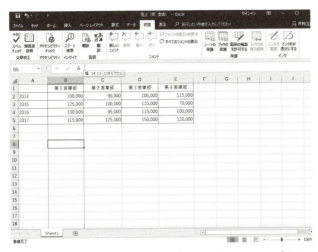

❶ 行や列の区分け線にマウスカーソルを乗せてドラッグする

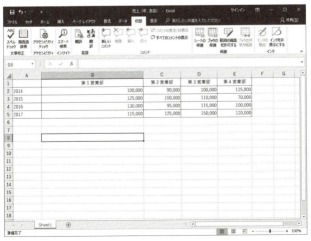

❷ セルが拡大する

04 リンクの有無を設定する

リンクを設定すれば、メールアドレスやURLを貼り付けなくても、クリックするだけでリンク先に移行できるのじゃ。

1 「ハイパーリンク」の活用

「xxx@xxx.co.jp」などのメールアドレスや、「www.xxx.com」などのURLをExcel内に入力するとき、表示先のサイトに直接飛ぶことができる「リンク（ハイパーリンク）」を設定することができます。任意のメールアドレスやURLを入力して「Enter」を押すと、自動でリンクが付いているのがわかります。リンクが付いている文字は青くなります。

2 ハイパーリンクを解除する

ただし、自動でリンクが付いてしまうと困る場合もあるでしょう。そのような場合には、ハイパーリンクを解除します。

ハイパーリンクを解除するには、リンクが付いているセルをクリックし、左下に表示される「オートコレクトオプション」をクリックします。メニューの中から「ハイパーリンクを自動的に作成しない」を選択しましょう。そうすると、セルのハイパーリンクが解除されます。

ハイパーリンクを解除する

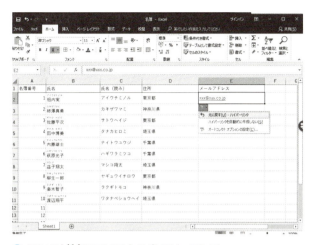

❶ リンクが付いているセルをクリックして、メニューの中から「ハイパーリンクを自動的に作成しない」を選択する

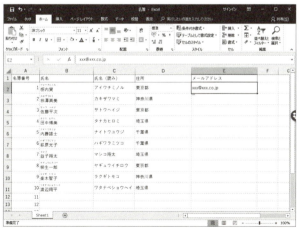

❷ セルのハイパーリンクが解除される

05 合計や平均をチェックする

Excelには、瞬時に画面で合計や平均をチェックする方法があるのじゃ。

1 計算せずに合計や平均を知るには

　Excelの「数式」タブ内にある機能を使えば、設定した範囲の合計や平均を、簡単に新しいセルへと表示することができます。ただ、セルに表示するのではなく、画面上で確認だけしたいという場合もあるでしょう。そのような場合には、瞬時に合計や平均をチェックする方法があります。

　たとえば、平均や合計を知りたい範囲を選択してみましょう。そのうえで、画面下の表示に注目してください。実は、ここに「平均」「データの個数」「合計」が表示されています。

　このように、平均や合計を瞬時に知りたい場合には、計算したい範囲をドラッグして選択するだけです。どこかのセルに結果を表示するのではなく、結果だけを知りたい場合には、この操作によって確認するようにしましょう。

　もちろん、この操作は行でも列でも、一定範囲、そして全体に対しても行うことができます。いちいち計算する必要がなく、その場で答えを知ることができるので便利です。

合計や平均をチェック

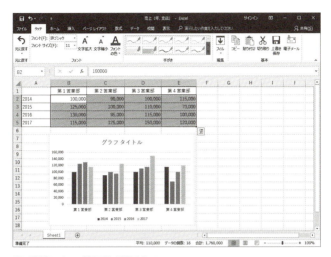

① 計算したい範囲を選択する
② 画面下に「平均」「データの個数」「合計」が表示される

06 同じ言葉を再入力する

Excelには、最初の一文字のみ入力すれば、その後の文字を自動的に予測し、候補を表示してくれる機能があるのじゃ。

1 オートコンプリート機能とは

　固有名詞など同じものを何度も入力しなければならないとき、あらかじめ入力する文字を予測して、瞬時に入力できるような機能があれば便利でしょう。

　実は、Excelには「オートコンプリート機能」と呼ばれるものがあり、最初の一文字を入力すれば、その後の文字を自動的に予測し、候補を表示してくれます。

2 最初の文字を入力するだけ

　オートコンプリート機能の使い方は簡単です。すでに入力されている単語の最初の一字をそのまま入力するだけで、候補となる文字が表示されます。あとは、候補が表示されている状態で「Enterキー」を押せばいいだけです。このオートコンプリート機能は初期段階で自動的に設定されています。

　ただし、オートコンプリート機能が使えるのは、同じ列のセルのみとなります。

オートコンプリート機能

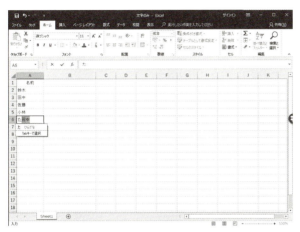

❶ 一度「田中」という言葉を入力している場合、「た」と入力するだけで「田中」が表示される

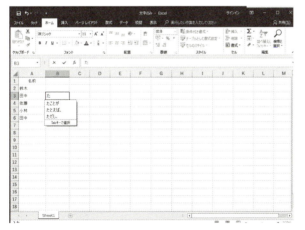

❷ 列が変われば、オートコンプリート機能は働かず、違う候補が表示される

07 オートコンプリート機能の解除

オートコンプリート機能は標準設定されているので、使わない場合は自分で解除することが必要じゃ。

1 自動入力が不要なことも

オートコンプリート機能は便利ですが、自動で予測されるのが邪魔に感じられる場合もあるでしょう。そのような場合、あらかじめオートコンプリート機能を解除しておきましょう。

2 オートコンプリート機能を解除する

オートコンプリート機能の解除は、「Excel のオプション」から行います。「ファイル」タブから「オプション」を選択すると、「Excel のオプション」画面が開きます。

画面が表示されたら、その中にある「詳細設定」をクリックしてください。詳細設定が開くと、「オートコンプリートを使用する」にチェックが入っていますので、そのチェックを外してください。あとは、「OK」をクリックすれば設定完了です。

実際に試してみると、同じ列の単語でもオートコンプリート機能が働いていないのがわかります。

オートコンプリート機能の解除

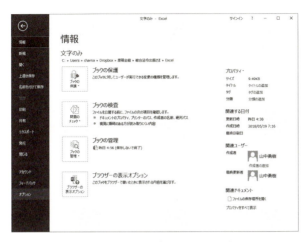

❶「ファイル」タブから「オプション」を選択する

❷「Excel のオプション」画面の「詳細設定」から「オートコンプリートを使用する」のチェックを外して、「OK」をクリックすれば解除される

08 ブックやシートを保護する

あらかじめブックやシートを保護しておけば、うっかりミスしてしまっても安心じゃ。

① 作成したブックやシートの保護

　複数のシートから構成されているブックには、さまざまな情報が含まれています。ただし、たとえきちんと保存していても、ミスなどで間違った数値を入力してしまうことはあり得ます。そのような場合を想定して、ブック全体やブック内のシートを保護する方法を紹介しましょう。

　ブック全体を保護するには、「ファイル」タブをクリックし、「情報」の中にある「ブックの保護」を選択しましょう。クリックするとメニューが表示されるので、その中から「最終版にする」を選択します。そうすると、「このドキュメントは、編集が完了した最終版として設定されました」というメッセージが表示されます。ブックが保護された証拠です。

　Excel の画面を見てみると、上部に黄色い背景で「最終版」と書かれているのがわかるでしょう。保護を解除したい場合には、「ファイル」→「情報」→「ブックの保護」→「最終版にする」をくり返すだけです。

ブックやシートの保護

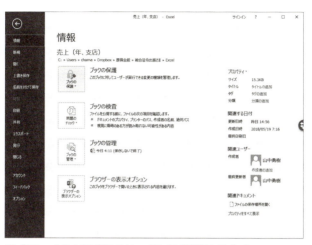

❶「ファイル」タブをクリックして「情報」の中の「ブックの保護」を選択する

⬇

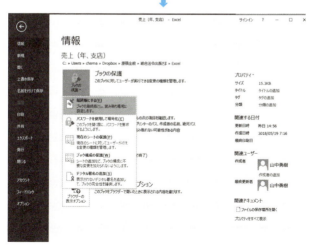

❷「最終版にする」を選択すれば、ブックやシートは保護される

09 行や列の入力モードの切り替え

行や列ごとに入力モードを切り替えておけば、あらかじめ設定した通りに入力されていくので便利じゃ。

1 めんどうな入力を簡単に

　行や列によって、大文字や小文字、単位など、入力する文字や数値の種類が異なっている場合があります。入力する度に変更していると手間がかかってしまうので、行や列ごとに「入力モード」を切り替える方法を紹介しましょう。

　行や列ごとに入力モードを切り替えるには、まず設定したい行・列を選択してください。そうすると、選択した行・列が灰色になります。そのうえで、「データ」タブの「データツール」にある「データの入力規則」をクリックしましょう。そうすると、「データの入力規則」の画面が表示されます。

　あとは、任意の入力モードに切り替えるだけです。試しに、「日本語入力」を「全角カタカナ」に変えてみましょう。「OK」をクリックします。そして、選択していた行・列に文字を入力します。入力していた文字が自動的に全角カタカナになっているのがわかります。

行や列の入力モード切り替え

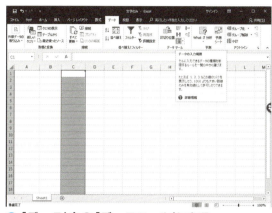

❶「データ」内の「データツール」にある「データの入力規制」をクリックする

⬇

❷ 任意の入力モードに切り替える

10 文字や数値を自動変換させない

Excelには、入力を簡単にする様々な工夫がなされているのじゃ。

1 日付の自動変換機能

Excelで「Ctrlキー」と「；」を同時に押せば、自動的に今日の日付が入力されます。また、「Ctrlキー」と「：」を押せば、今の時刻が入力されます。また、特定の日付を入力する場合、たとえば「7月1日」と入力しなくても、「7-1」と入力するだけで、自動的に「7月1日」と変換されます。

2 自動変換させずに入力する

「7-1」を日付ではなくそのまま入力するには、数字の先頭に「'（アポストロフィ）」をつけてください。アポストロフィは、「Shiftキー」と「7」を同時に押すと入力できます。

たとえば、'7-1と入力してみましょう。すると、「7月1日」と表示されずに、「7-1」と表示されているのがわかります。このように、アポストロフィを先頭に付ければ、自動的に変換されなくなります。アポストロフィも入力したい場合には、「''」と2個打ちましょう。

文字や数値の自動変換機能の解除

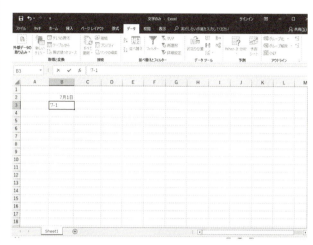

❶ 普通に「7-1」と入力すれば自動的に「7月1日」と変換されてしまうが、「'7-1」と入力すれば……

⬇

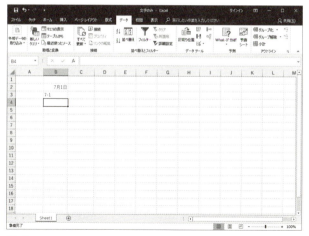

❷ 「7月1日」ではなく、「7-1」と表示される

11 セルを無視して文字を入力する

テキストボックスとは、名前どおり、テキスト（文章など）を入力することができる枠のことじゃ。

1 「テキストボックス」の活用

　Excelで文字や数値を入力できるのは、セルの中だけとは限りません。「テキストボックス」を活用すれば、セルの枠（大きさや範囲）を越えて文字や数値を入力することができます。

　Excel内にテキストボックスを表示させるには、「挿入」タブから「テキスト」を選択し、その中にある「テキストボックス」をクリックしましょう。マウスカーソルが十字になるので、任意の場所にドラッグしてテキストボックスを作ります。テキストボックスが表示されたら、その中に任意の文字や数値を入力してみましょう。

　上下左右に付いている丸（○）をドラッグすれば、テキストボックスの大きさを変えられます。また、テキストボックス上にマウスカーソルを置き、カーソルが十字になってからドラッグすると、テキストボックスを任意の場所に移動することも可能です。

テキストボックスを活用

❶「挿入」タブから「テキスト」を選択し、その中の「テキストボックス」をクリックする

❷ 任意の場所にドラッグして、テキストボックスを作る

❸ テキストボックスの中に任意の文字や数値を入力する

12 枠線を表示しない

枠線を非表示にすると、文字や数値、あるいは任意で引いた罫線だけを見ることができるのじゃ。

1 セルに表示されている「枠線」

　Excelの初期の画面では、セルの大きさに合わせて「枠線（目盛線）」が引いてあります。この枠線があるために、私たちはセルの大きさや数を調整したり、必要な範囲を割り出したりできるのです。

　ただし、作成した表をチェックする際には、この枠線が邪魔になることもあります。たとえば、きちんと罫線を引いて作成した表の全体をチェックしたい場合などです。

　セルの枠線を消して非表示にするには、まず「表示」タブの中にある「表示」を見てください。そこに「目盛線」という項目があるのがわかります。その「目盛線」のチェック欄をクリックして、チェックを外してみましょう。そうすると、枠線が非表示になり、入力した文字や数値、罫線だけが残っているのがわかります。このように枠線を非表示にしてしまえば、どのような表ができているのかを目視で確認できるようになります。

セルの枠線を非表示にする

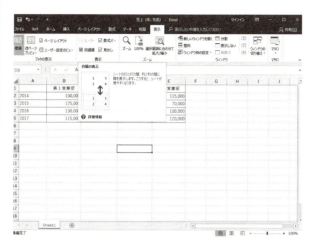

❶ 「表示タグ」の中の「表示」をクリックする
❷ その中の「目盛線」のチェックを外す

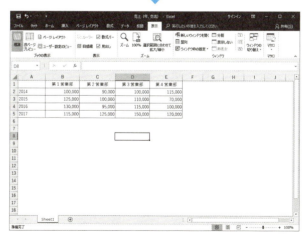

❸ セルの枠線が非表示になる

おわりに

　いかがでしたでしょうか。

　分厚いExcelの解説書を買って、「今度こそExcelをマスターしてやろう」と意気込んだものの、そのボリュームや文字・画像でびっしり埋め尽くされた紙面を見て意気消沈してしまったり、途中で続かなくなった方は、Excelの基本機能や使い方について、本書でそのアウトラインはつかんでいただけたのではないかと思います。

　英和辞書を丸暗記しても英語が話せるようになるわけではないのと同じように、マニュアルをすべて理解してもそれを実務ですぐに使えるようになるわけではありません。

　まずは今現在のお仕事の範囲内でExcelを使えばどのように手間が軽減できるか、どのように応用できるかという観点から覚えていきましょう。それが苦手意識を持たずにExcelを覚えていくために必要な姿勢です。

　Excelそのものはツールにすぎません。将来、Excelのインストラクターになりたいというのなら別ですが、あくまでも業務で使用するということであれば、その機能のすべてを使いこなせるようになる必要はありません。また、普段の業務で使わない機能を覚えても日常的に使うのでなければ、定着

しないはずです。

　みなさんが Excel という万能ツールとうまくつきあって、充実した毎日を送られることを願っています。

伏里　剛

伏里 剛
（ふしさと・ごう）

1968年神奈川県生まれ。
明治大学法学部卒業。商社にて貿易実務や国際業務、海外駐在員を経験した後、独立して現在は経営コンサルタントとして活躍中。とくにExcelを活用した経営改善指導やビジネスパーソンのスキルアップ指導に定評がある。
著書に『朝礼上達BOOK』（総合法令出版）。

編集協力　加藤学宏、山中勇樹
装丁　西垂水敦・太田斐子（krran）
本文デザイン　中西啓一（panix）
イラスト　和全（Studio Wazen）
本文DTP　横内俊彦
図表作成　ZUGA

たった1日で仕事が劇的に速くなる
初心者のための Excel 事典

2018年 6月20日　　初版発行

著　者	伏里　剛
発行者	野村　直克
発行所	総合法令出版株式会社
	〒103-0001
	東京都中央区日本橋小伝馬町15-18
	ユニゾ小伝馬町ビル9階
	電話　03-5623-5121

印刷・製本　　中央精版印刷株式会社

ⓒ Go Fushisato 2018 Printed in Japan　ISBN978-4-86280-625-3
落丁・乱丁本はお取替えいたします。
総合法令出版ホームページ　http://www.horei.com/

本書の表紙、写真、イラスト、本文はすべて著作権法で保護されています。
著作権法で定められた例外を除き、これらを許諾なしに複写、コピー、印刷物
やインターネットのWebサイト、メール等に転載することは違法となります。

視覚障害その他の理由で活字のままでこの本を利用出来ない人のために、営利
を目的とする場合を除き「録音図書」「点字図書」「拡大図書」等の製作をする
ことを認めます。その際は著作権者、または、出版社までご連絡ください。